Catherine Guidicelli

W0330181

PAS DE PANIQUE !

B.A.-BA,
trucs et astuces, conseils

TRICOT

Éditions **marie claire**

INTRODUCTION

Comment cacher une maille ratée ? Comment reconnaître l'endroit de l'envers ? Peut-on tricoter avec deux fils ? Que signifient les expressions « rang contre rang » et « maille contre maille » ?

Pas de panique ! Ce petit livre vous apportera toutes les réponses aux questions que vous vous posez, que vous soyez débutant ou aguerri !

J'ai interrogé mes copines pour connaître leurs interrogations et vous faire partager leurs astuces et conseils pratiques.

AU PROGRAMME DE CE LIVRE

- Les bases du tricot : monter les mailles, maille endroit, maille envers, les points de base, rabattre les mailles, les augmentations et les diminutions, rattraper une maille, compter les mailles et les rangs, l'échantillon, les coutures.
- Plein d'astuces : cacher une maille ratée, détricoter, couper un tricot, tricoter les deux manches sur la même aiguille, lire un patron, une grille, prendre ses mesures, coudre un bouton, faire un pompon, entretenir un tricot, adapter un modèle à un autre fil.
- Des transformations de modèles : allonger un pull, élargir un modèle trop serré, allonger les manches, changer la forme d'un col, faire des fentes sur les côtés, rajouter une bordure.
- Quelques modèles basiques et faciles à tricoter.

Alors à vos aiguilles,
le tricot n'aura plus de secret pour vous !

SOMMAIRE

Les bases du tricot

1

Tout pour se lancer

Voici quelques bases
pour bien débuter le tricot,
vous verrez c'est facile !

1 JE FAIS LES MAILLES

■ MONTER LES MAILLES

Pour débuter, il faut commencer par créer des mailles sur une seule aiguille : cela s'appelle monter les mailles. Calculez la longueur de fil dont vous aurez besoin pour monter les mailles : 1 tour d'aiguille = 1 maille. Donc enroulez le fil autour de l'aiguille autant de fois que vous avez de mailles à monter.
À partir de cette longueur, faites un nœud sur l'aiguille. C'est la 1re maille.

1. Placez les fils sous l'aiguille : à gauche celui de la pelote, à droite l'extrémité.

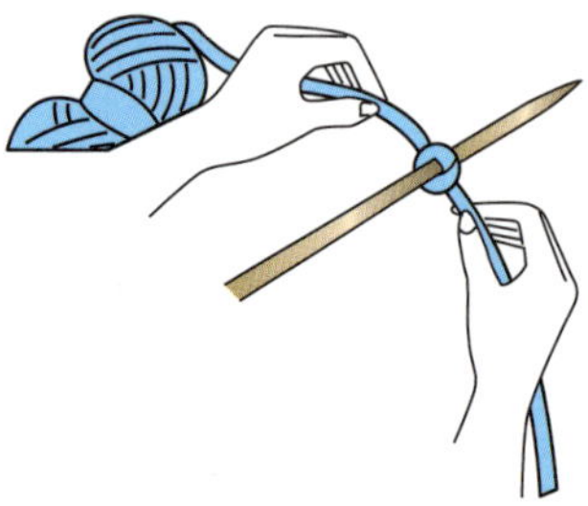

Aidez-vous des tutos en ligne, comme sur Phil'Académie (www.phildar.fr), ou bien fréquentez les cafés tricot, de plus en plus répandus. Des cours de tricot sont dispensés aussi dans certaines merceries.

Phil' ACADÉMIE BY phildar WWW.PHILDAR.FR

2. Enroulez le fil droit autour de l'index.

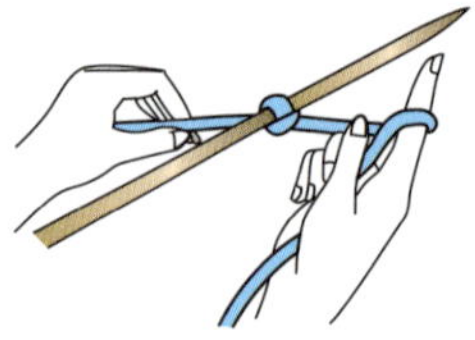

3. Piquez l'aiguille dans la boucle du fil droit, sans enlever l'index.

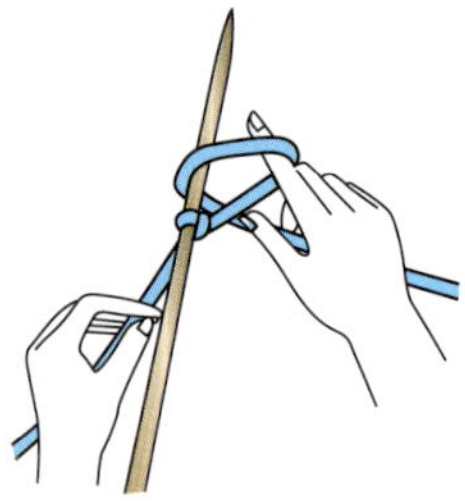

4. Enroulez le fil de la main gauche autour de l'aiguille, d'avant en arrière.

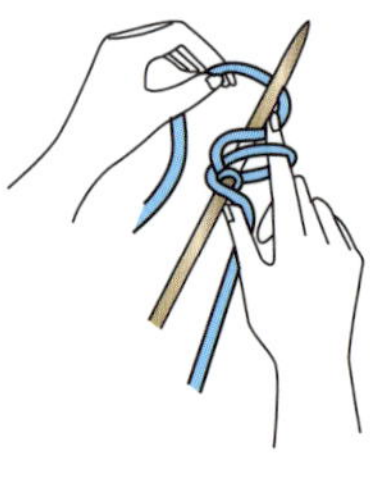

5. Passez la boucle de l'index sous la pointe et enlevez l'index.

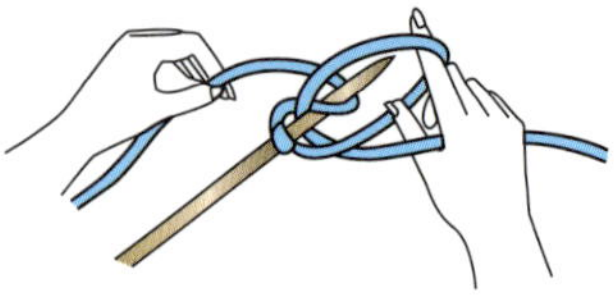

6. Tirez doucement sur les 2 fils et placez le nœud sous l'aiguille. Vous avez fait la 2e maille.

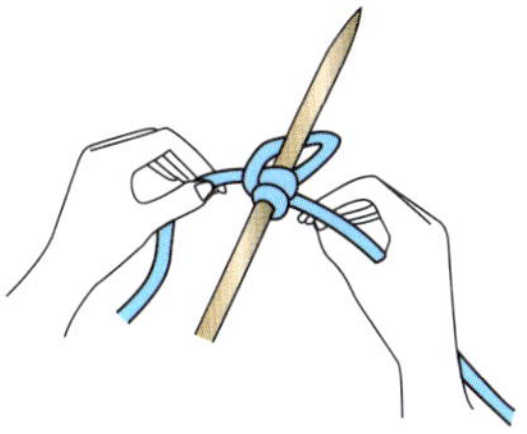

7. Répétez les étapes 3 à 6 pour faire une autre maille, et ainsi de suite jusqu'à obtenir le nombre de mailles indiqué pour le modèle.
Vous avez monté les mailles !

ASTUCE ▶ Coupez le fil qui a servi pour le montage (en laissant 4 ou 5 cm), vous risqueriez de vous tromper et de tricoter avec !

POUR RÉSUMER
Montez les mailles sans trop serrer, sinon vous aurez du mal à les tricoter ensuite.

ASTUCE ▶ Si vous montez un grand nombre de mailles, mettez un anneau marqueur toutes les 20 mailles pour ne pas tout recompter à chaque fois.

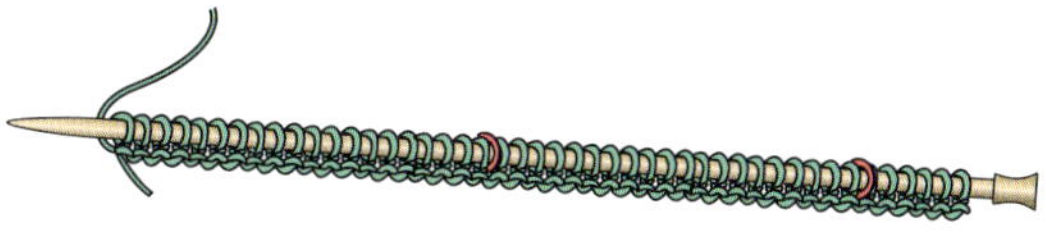

Clémentine : mon 1er rang n'est pas régulier et les mailles sont trop serrées, j'ai du mal à les tricoter ensuite.

C'est normal, il faut un peu d'entraînement : ne tirez pas trop sur les fils pour ne pas trop serrer les mailles.
Si le 1er rang est trop serré, utilisez une aiguille plus grosse d'un demi-point pour les monter (et reprenez l'autre aiguille ensuite).

BON À SAVOIR
En général, pour tricoter plus facilement, sortez le bout de fil qui est à l'intérieur de la pelote : il se déroulera sans faire bouger la pelote et vous pourrez laisser l'étiquette qui l'entoure (mais ce n'est pas possible avec les fils poilus).

■ LA MAILLE ENDROIT

Il n'y a que 2 mailles à connaître en tricot : la maille endroit et la maille envers. Les autres points sont des combinaisons de ces deux mailles.
Celle que l'on apprend en premier est la maille endroit.

Vous devez avoir monté les mailles.

1. Retournez l'aiguille et tenez-la dans la main gauche. Le fil de la pelote est sur la droite. Vous allez tricoter 1 maille dans chaque maille pour former le 1er rang.

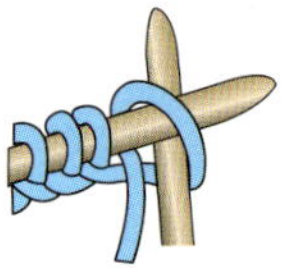

2. Prenez la 2e aiguille et tenez-la dans la main droite. Piquez l'extrémité de l'aiguille dans la 1re maille, sous l'aiguille gauche, d'avant en arrière.
L'aiguille droite est derrière l'aiguille gauche.

3. Tenez les 2 aiguilles croisées avec la main gauche. Avec l'index, enroulez le fil sur l'aiguille droite, de **gauche à droite**.

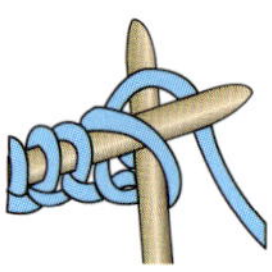

4. Passez la pointe de l'aiguille droite dans la maille et faites-la revenir par-dessus. Le fil est en train de former **1 nouvelle maille sur l'aiguille droite.**

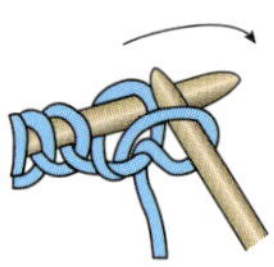

À NOTER

On pique l'aiguille sous le brin de la maille qui est le plus à droite. Quand on tricote en mailles endroit, le fil de la pelote se trouve derrière les aiguilles.

5. Faites glisser la maille de l'aiguille gauche. Elle passe sous la nouvelle maille. Vous avez 1 maille de moins sur l'aiguille gauche et 1 maille sur l'aiguille droite.

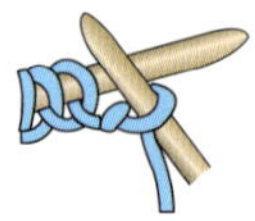

6. Piquez l'aiguille droite dans la maille suivante et recommencez.

À la fin du rang, les mailles sont toutes sur l'aiguille droite. Pour faire le rang suivant, retournez l'aiguille et tenez-la dans la main gauche.

ASTUCE ▸ Vérifiez bien que vous avez toujours le même nombre de mailles, réparties sur les 2 aiguilles.

POUR RÉSUMER

On pique toujours l'aiguille d'avant en arrière, et le fil se trouve derrière les aiguilles. Piquez toujours dans la 1re maille de l'aiguille gauche.

■ LE POINT MOUSSE

C'est le point le plus simple : on tricote chaque rang en mailles endroit.

Comment reconnaît-on le point mousse : le tricot est plus souple, ses bords ne s'enroulent pas. On l'utilise pour des écharpes, des pulls confortables, des bordures.

L'endroit et l'envers du point mousse se ressemblent.

ASTUCE ▶ Pour reconnaître l'endroit de l'envers, regardez le bout de fil du début. Si vous êtes sur l'endroit, il est sur la droite. Si vous êtes sur l'envers, il est sur la gauche.

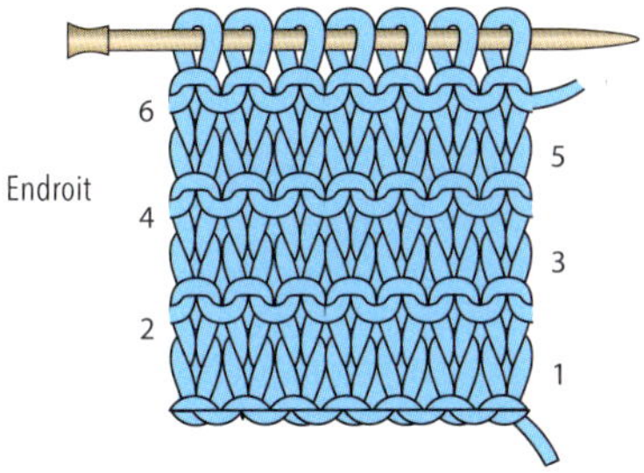

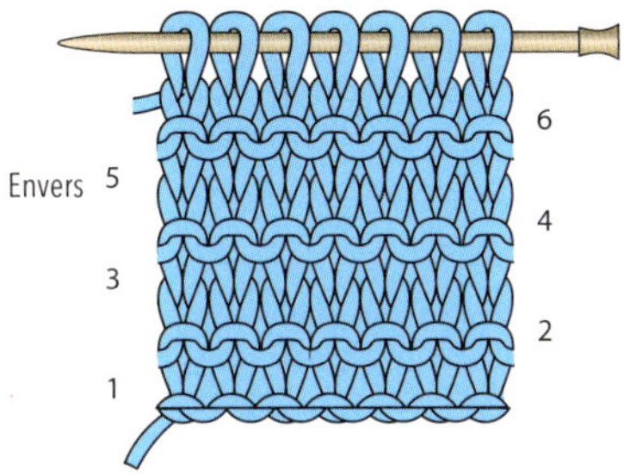

À NOTER

Une maille n'est pas un point. Un point est un ensemble de mailles et de rangs. Le point mousse c'est : tous les rangs tricotés entièrement à l'endroit.

Gwenaelle : je ne sais tricoter que les mailles endroit.

Vous pouvez faire plein de choses au point mousse : des écharpes, des pulls, des chaussons, etc.

Pour compter les rangs en point mousse : il y a toujours 1 rang creux et 1 rang en relief (sur 2 rangs).

Sur une grille, les mailles endroit qui sont sur l'envers sont représentées par une barre horizontale. (Parfois, mais plus rarement, les mailles endroit sont représentées par une barre verticale.)

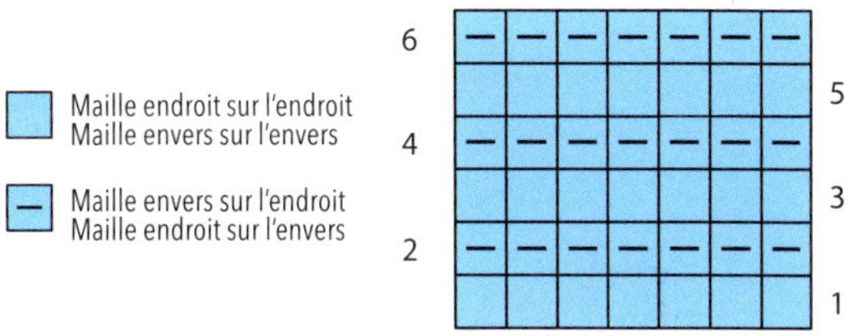

La grille du point mousse

POUR RÉSUMER

Le point mousse est le plus facile, tricotez tous les rangs en maille endroit !

■ LA MAILLE ENVERS

La 2e maille à connaître est la maille envers. En combinant ces 2 mailles vous pourrez faire tous les points de tricot. La maille envers est une maille endroit… à l'envers ! C'est-à-dire que le résultat est l'envers de la maille endroit. En effet, sur un tricot il y a un endroit et un envers. Tenez dans la main gauche l'aiguille sur laquelle sont montées les mailles.

1. Piquez la pointe de l'aiguille droite dans la 1re maille, sous **l'aiguille gauche**, mais **d'arrière en avant** (là aussi derrière le brin qui est le plus à droite). L'aiguille droite est **devant** l'aiguille gauche.

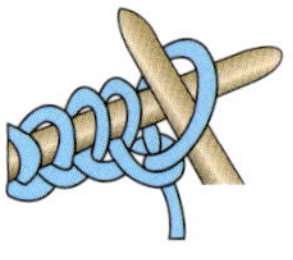

2. Enroulez le fil sur l'aiguille droite, de droite à gauche (il passe par-dessus).

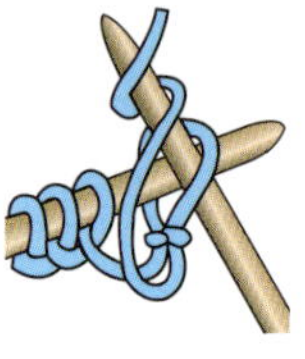

3. Passez la pointe de l'aiguille droite dans la maille et ressortez-la derrière.

4. Faites glisser la maille de l'aiguille gauche. Continuez pour faire les autres mailles. Quand on tricote en mailles envers, le fil de la pelote est toujours **devant** l'aiguille.

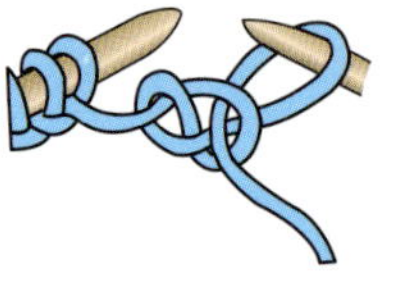

POUR RÉSUMER

On pique toujours l'aiguille d'arrière en avant.
Le fil est toujours devant les aiguilles.

LA POSITION DES MAINS

Tenez l'ouvrage dans la main gauche et l'aiguille dans la main droite en tendant le fil avec l'index.

• Si vous êtes gaucher

Le plus simple sera d'utiliser une méthode pour droitier. Sinon sachez qu'il existe des méthodes spécifiques, pour apprendre à tricoter quand on est gaucher. **Il est également possible de travailler à l'envers par simple observation.**

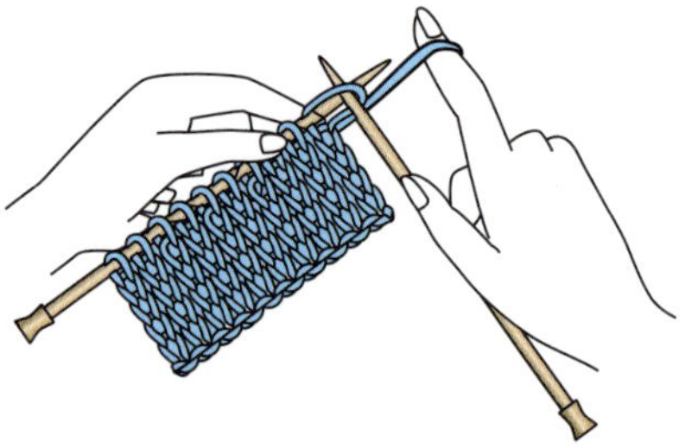

■ LE JERSEY

Si vous savez faire les mailles endroit et les mailles envers, vous pouvez tricoter du jersey.

1er rang : tricotez des mailles endroit. C'est l'endroit du travail.
2e rang : tricotez des mailles envers. C'est l'envers du travail.
Répétez ces 2 rangs jusqu'au bout. Le jersey présente un endroit et un envers.

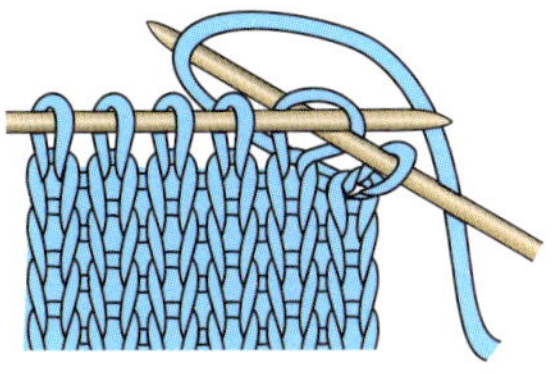

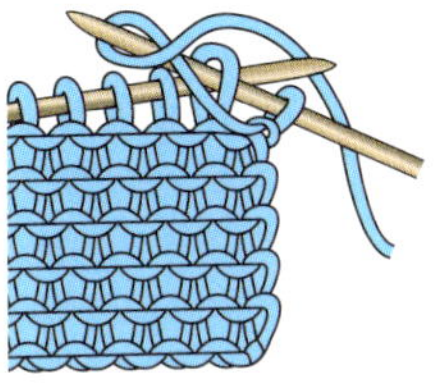

Pour compter les rangs

Chaque ligne horizontale correspond à un rang.

Reconnaître l'endroit de l'envers

L'endroit et l'envers du jersey sont différents. Sur l'endroit, on voit les parties verticales des mailles, elles forment des V. Sur l'envers, on voit les parties horizontales des mailles et elles forment des vagues.

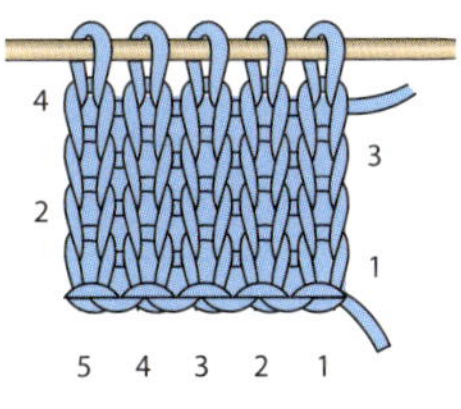

Endroit

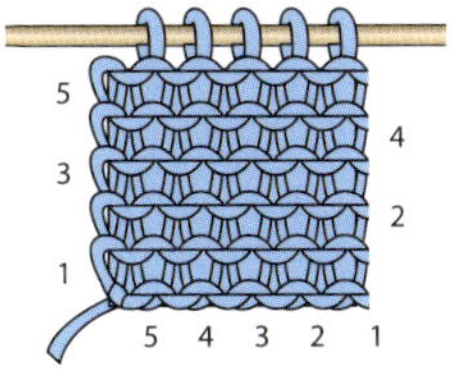

Envers

Sur une grille, le jersey est représenté par des cases blanches. (Les mailles endroit qui sont sur l'endroit et les mailles envers qui sont sur l'envers.)

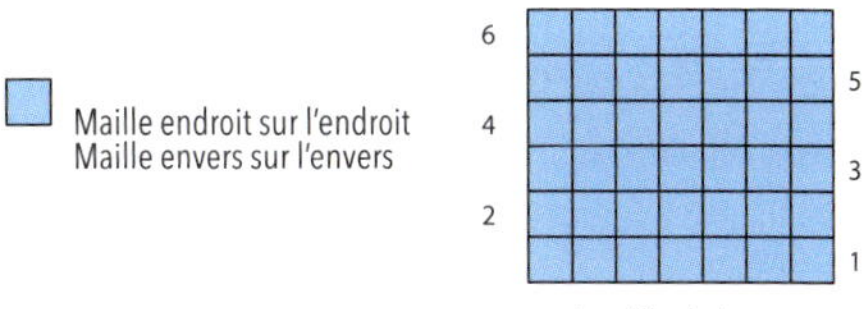

La grille du jersey

POUR RÉSUMER
Si vous voyez l'endroit, tricotez les mailles à l'endroit.
Si vous voyez l'envers, tricotez les mailles à l'envers.

ASTUCE ▸ Le jersey envers ressemble au point mousse mais en plus serré. Pour le reconnaître, regardez l'autre face : elle est en jersey endroit. Le jersey est plus fin que le point mousse et les bords s'enroulent. Si on veut éviter cela, on fait des bordures en côtes ou au point mousse.

Endroit

Envers

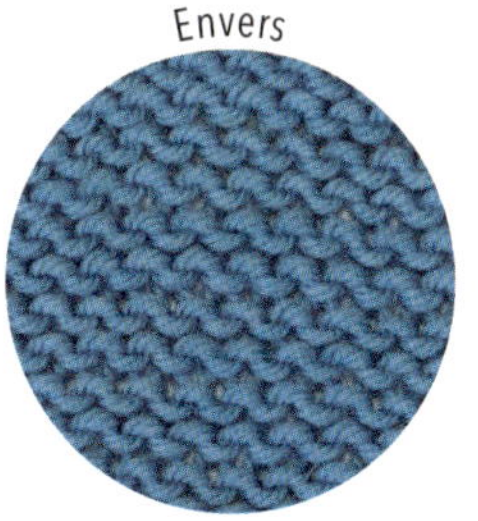

■ TRICOTER LES MAILLES COMME ELLES SE PRÉSENTENT

Pour tricoter les mailles comme elles se présentent
Si vous voyez un V sous l'aiguille, tricotez à l'endroit.
Si vous voyez un pont, tricotez à l'envers.

Pour contrarier les mailles
Si vous voyez un V sous l'aiguille, tricotez à l'envers.
Si vous voyez un pont, tricotez à l'endroit.

ATTENTION ▶ N'oubliez pas de passer le fil derrière l'aiguille pour tricoter 1 maille endroit, et devant pour 1 maille envers.

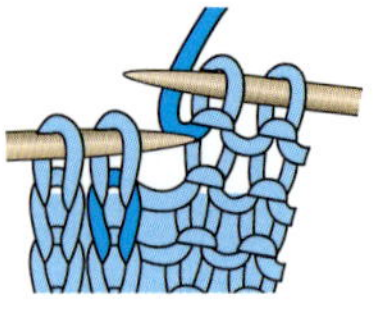

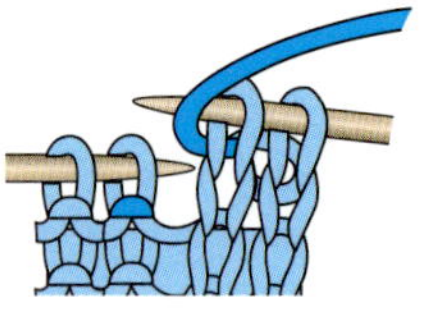

***Géraldine** : « Tricoter les mailles comme elles se présentent » est longtemps resté un grand mystère pour moi…*

Tricoter les mailles comme elles se présentent signifie que l'on tricote à l'endroit dans les mailles endroit et à l'envers dans les mailles envers.
Contrarier une maille, c'est l'inverse. Cela signifie que l'on ne tricote pas les mailles comme elles se présentent.
C'est utile quand on doit changer souvent au cours du même rang, par exemple pour les côtes ou le point de riz : cela simplifie les explications.

LES ANNEAUX MARQUEURS

Ce sont des anneaux en plastique qui servent de repères. On les glisse autour de l'aiguille entre 2 mailles si on doit changer de point au cours d'un rang. Si on peut les ouvrir, on les glisse dans une maille pour compter les rangs. Si on tricote en rond, ils servent à repérer le début des tours. Quand on arrive à l'anneau, on doit faire quelque chose !

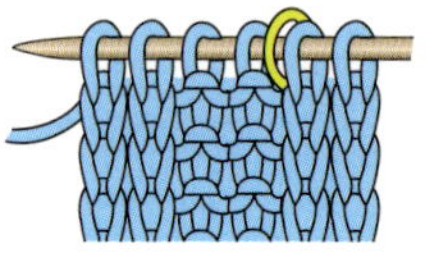

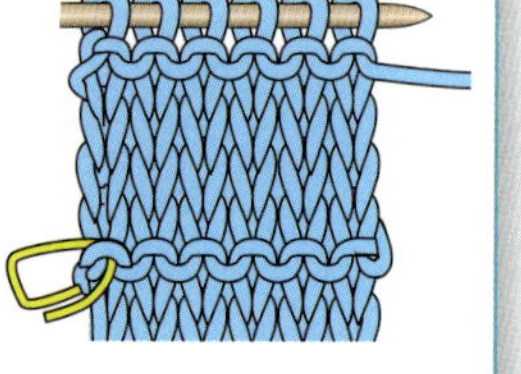

2 MES PREMIERS POINTS

■ LES CÔTES

Les côtes servent à border des bas de pulls et de bonnets car elles sont très élastiques. Pour les faire, on alterne des mailles endroit et envers.

Les côtes 1/1

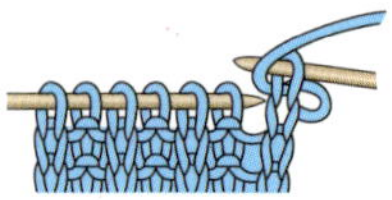

1. Alternez 1 maille endroit, 1 maille envers.

1er rang : tricotez 1 maille endroit.

Amenez le fil devant en le passant entre les 2 aiguilles et tricotez 1 maille envers.

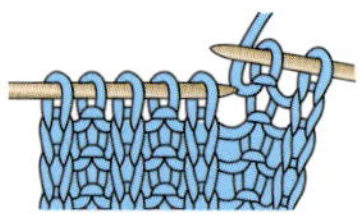

2. Ramenez le fil derrière en le passant entre les 2 aiguilles et tricotez 1 maille endroit.

Continuez ainsi en alternant **1 maille endroit** et **1 maille envers** jusqu'au bout du rang.

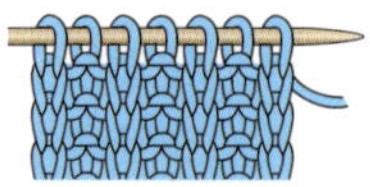

3. Sur les rangs suivants, tricotez les mailles **comme elles se présentent**.

L'endroit et l'envers des côtes se ressemblent. Les mailles endroit sont celles qui avancent en relief. Les mailles envers se mettent en retrait.

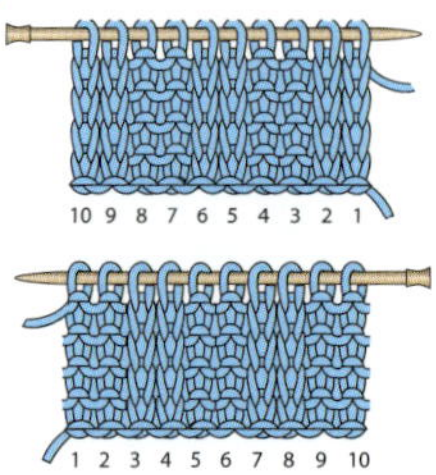

Les côtes 2/2

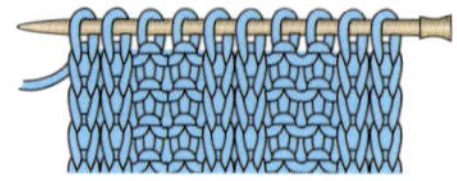

C'est la même chose que les côtes 1/1 mais en alternant 2 mailles endroit et 2 mailles envers. Sur les rangs suivants, il faut tricoter les mailles comme elles se présentent.

Sur le même principe, on peut faire des côtes 3/3 ou 4/4…

ATTENTION ▶ Pour faire des côtes 2/2 il faut un nombre de mailles multiple de 2. Pour faire des côtes 3/3, multiple de 3, etc…

La grille des côtes 1/1

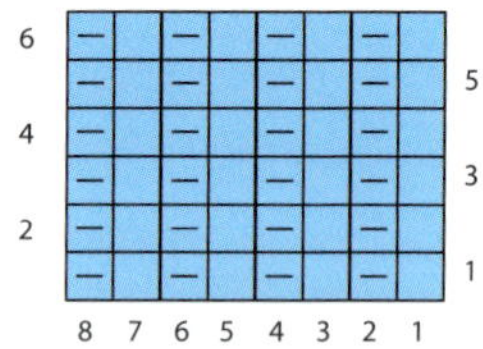

La grille des côtes 2/2

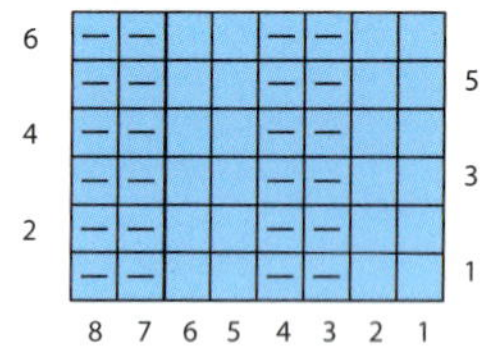

☐ Maille endroit sur l'endroit
Maille envers sur l'envers

⊟ Maille envers sur l'endroit
Maille endroit sur l'envers

POUR RÉSUMER

Avec les côtes on tricote les mailles comme elles se présentent. N'oubliez pas de passer le fil devant ou derrière les aiguilles à chaque changement de point.

Les côtes 1/1

Les côtes 2/2

■ LE POINT DE RIZ

En mélangeant les mailles endroit et envers, vous aurez accès à une multitude de points !
Les mailles endroit sont en relief et les mailles envers en creux, cela vous permettra de créer des motifs.
Le point le plus connu et assez simple est le point de riz. Attention, le résultat est un peu rigide et consomme plus de fil.

Avec le point de riz, vous allez contrarier toutes les mailles !
1er rang : Alternez 1 maille endroit, 1 maille envers, jusqu'à la fin du rang (comme pour les côtes 1/1).
2e rang et rangs suivants : contrariez les mailles : tricotez les mailles endroit à l'envers et inversement.

Le point de riz

ASTUCE ▶ Si vous avez un nombre de mailles impair, vous commencerez toujours par 1 maille endroit.

La grille du point de riz

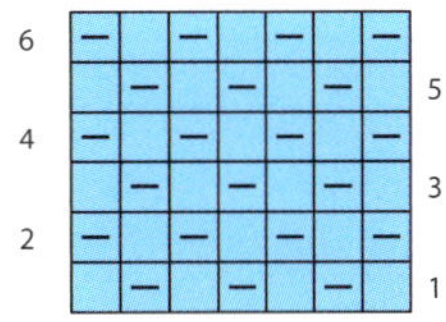

Maille endroit sur l'endroit
Maille envers sur l'envers

Maille envers sur l'endroit
Maille endroit sur sur l'envers

POUR RÉSUMER
Avec le point de riz, on contrarie les mailles. C'est un point très joli mais il vous faudra de la concentration.

■ CHANGER DE PELOTE

À moins de tricoter un mini cache-pot déco ou un tout petit doudou, la plupart du temps, vous aurez besoin de changer de pelote pour terminer votre ouvrage.

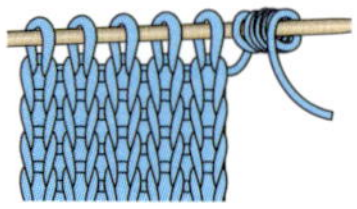

ASTUCE ▸ Pour savoir si vous avez suffisamment de fil pour terminer le rang, enroulez le fil autour de l'aiguille et faites autant de tours que le nombre de mailles à tricoter. Il doit encore rester 10 cm.

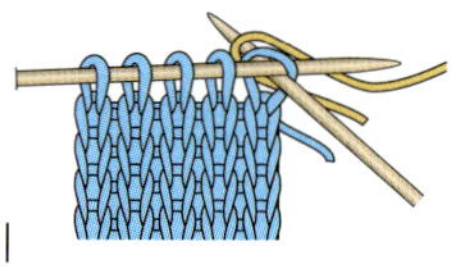

Au début du rang, tenez le bout du fil sur l'arrière. Piquez l'aiguille droite dans la 1re maille normalement et tirez le nouveau fil à travers la maille en laissant dépasser 10 cm. Continuez à tricoter normalement.

ASTUCE ▸ Ne changez jamais la pelote en cours au milieu d'un rang. Faites-le au bout d'un rang, sinon cela risque de créer des imperfections.

Les rayures

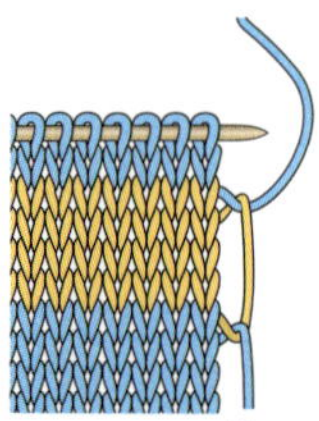

Pour changer de couleur, au début du rang, prenez l'autre fil et faites monter la couleur du fil précédent sur le côté, sans tirer. Vous le retrouverez pour la rayure suivante.

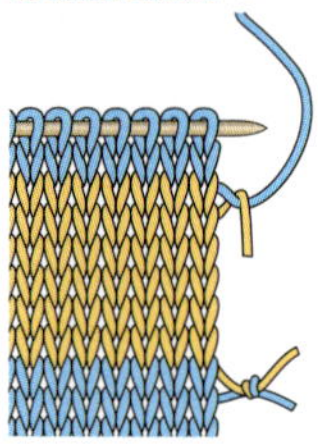

Si les rayures dépassent 4 rangs, coupez le fil à chaque changement.

MON CONSEIL

Vous pouvez faire un nœud entre les 2 fils mais ce n'est pas obligatoire car cela se verra. Faites le nœud si la pièce est destinée à être cousue (comme ça il sera caché) et ne le faites pas si c'est une bordure visible (comme une écharpe). Dans ce cas il faut rentrer les fils dans les mailles (voir page 25).

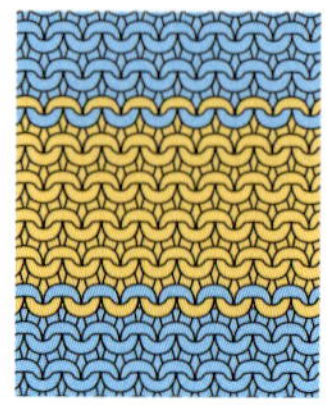

Changez toujours le fil sur l'endroit car sur l'envers on voit le bas des mailles dans l'autre couleur.

À SAVOIR

Sur une grille les couleurs sont indiquées. Si la grille est imprimée en noir et blanc, chaque couleur est indiquée par un symbole.

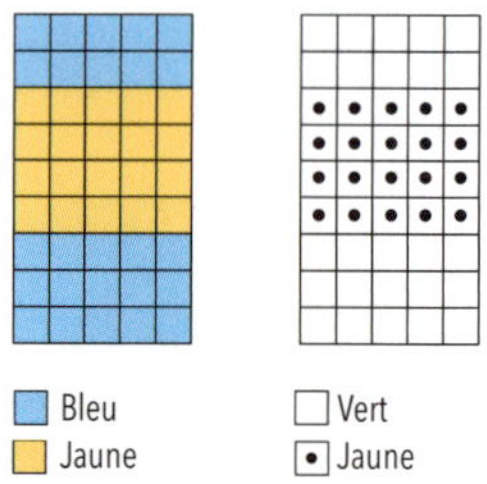

POUR RÉSUMER

Changez de fil toujours au début d'un rang!

■ LES MAILLES LISIÈRES

Les mailles lisières sont les mailles des bords droit et gauche.
Les mailles lisières permettent d'obtenir des bordures bien nettes et régulières. Elles ne sont pas obligatoires mais elles ont une fonction décorative et permettent d'éviter l'enroulement du tricot.

La lisière de couture mousse

Elle crée une petite boule le long des bordures. Cette technique permet d'obtenir un bord bien ferme ; on obtient une colonne de mailles au point mousse de chaque côté du tricot.

Tricotez la 1re et la dernière maille **de chaque rang à l'endroit**.

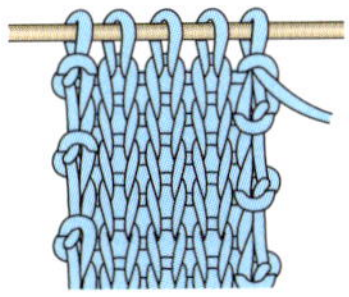

ASTUCE ▶ Le petit relief le long des bordures aide à compter les rangs.

La lisière chaînette

Glissez la 1re maille de chaque rang à l'envers.
Les mailles du bord ne sont pas tricotées, elles remplacent donc 2 mailles.
Cette lisière donne un aspect de chaînette sur les 2 bords. Elle est parfaite pour relever les mailles mais n'est pas adaptée aux coutures invisibles.

> ***Clémentine :*** *les bords de mon tricot ne sont pas beaux, les mailles sont lâches.*
>
> Pour avoir de belles lisières, tricotez toujours plus serré la première maille du bord de votre travail. Sinon vous pouvez faire la lisière chaînette.

ATTENTION ▶ On ne glisse que la maille du début, pas celle de la fin du rang !

Sur du jersey

Glissez la 1re maille de chaque rang à l'envers, passez le fil sur l'arrière, et tricotez les autres mailles normalement. Elle est surtout visible sur l'envers.

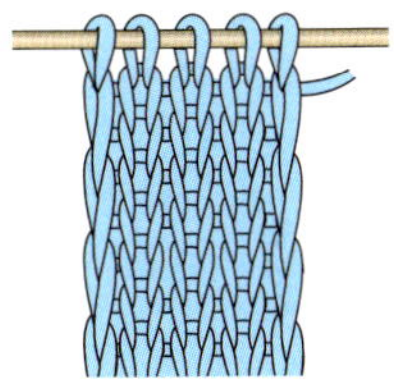

Sur du point mousse
Glissez la 1re maille de chaque rang à l'envers, passez le fil sur l'arrière, et tricotez à l'endroit.

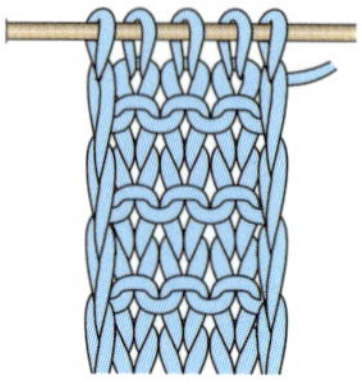

ATTENTION ▶ N'oubliez pas de replacer le fil derrière l'aiguille droite après la première maille.

La maille glissée

Glisser une maille signifie qu'on la passe d'une aiguille sur l'autre **sans la tricoter**.
Piquez l'aiguille droite dans la maille comme pour la tricoter. Faites-la tomber de l'aiguille gauche. Elle est sur l'aiguille droite.

Si c'est une **maille endroit**, piquez-la **par-devant** (le fil est derrière les aiguilles).

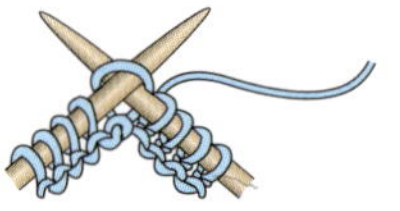

Si c'est une **maille envers**, piquez-la **par-derrière** (placez le fil devant les aiguilles).

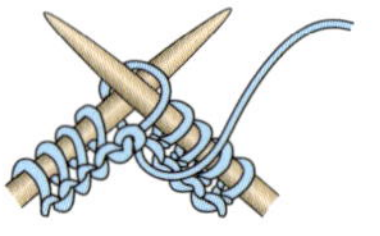

POUR RÉSUMER
Faites des mailles chaînette si le bord du tricot n'est pas destiné à être cousu, vous aurez une bordure régulière.

Anne-Claire : je ne tricote jamais la première maille, je la glisse.

Alors vous faites une lisière chaînette. Mais si vous devez coudre le bord, ne faites pas ces mailles lisières, tricotez les mailles des bords comme les autres.

■ LES TORSADES, MAILLES CROISÉES

La torsade n'est pas si compliquée que ça à réaliser et le résultat est magique. Essayez-la !
Le principe est de **croiser 2 groupes de mailles, à gauche ou à droite**. Ainsi, vous formez un dessin en relief donnant l'impression que des tubes de laine se croisent.

À SAVOIR

Tricotez la torsade en mailles endroit, sur un rang aller. Pour qu'elle soit visible, faites des mailles envers à droite et à gauche.

Torsade de 6 mailles croisées à gauche

(2 groupes de 3 mailles se croisent).
Il vous faut une **aiguille auxiliaire** (ou **aiguille à torsades**).

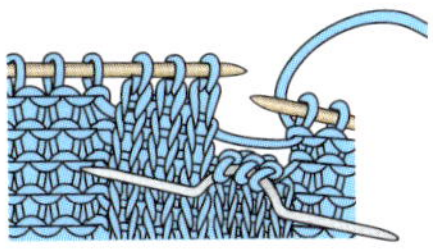

Glissez les **3 mailles de droite sur une aiguille auxiliaire** et placez-la **devant le travail** pour les mettre en attente.

Tricotez les **3 mailles suivantes** à l'endroit.

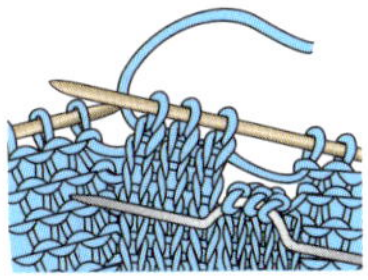

Tricotez les 3 mailles qui sont sur l'aiguille auxiliaire. Elles passent devant les autres en les croisant sur la gauche.

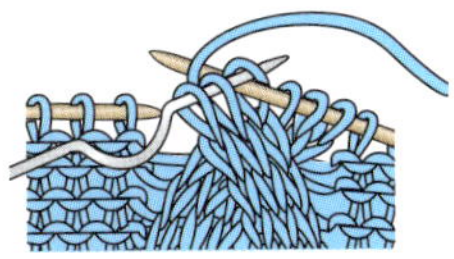

- Maille envers sur l'endroit / Maille endroit sur l'envers
- Maille endroit sur l'endroit / Maille envers sur l'envers
- Mailles croisées à gauche

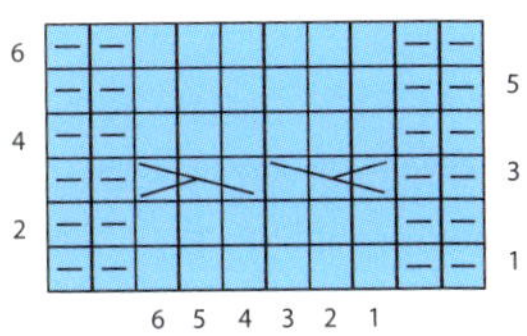

Torsade de 6 mailles croisées à droite

C'est la même chose mais on place l'aiguille auxiliaire **derrière le travail**.

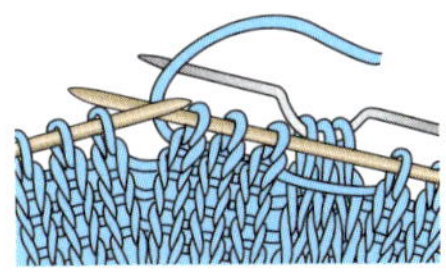

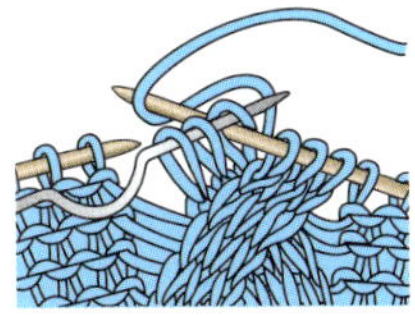

POUR RÉSUMER

Une torsade ce sont simplement des mailles que l'on place sur une autre aiguille pour les tricoter après.

3 POUR ALLER PLUS LOIN

■ LES AUGMENTATIONS

On ajoute des mailles que l'on place au milieu ou à l'extrémité d'un rang.

Le jeté

Le jeté sert à faire des mailles ajourées et des augmentations. C'est la façon la plus simple de faire une augmentation **à l'intérieur d'un rang** mais elle forme un trou, qui peut être décoratif.

Maille jetée sur l'endroit

1. Passez le fil **devant puis par-dessus** l'aiguille. Vous avez 1 maille de plus sur l'aiguille.

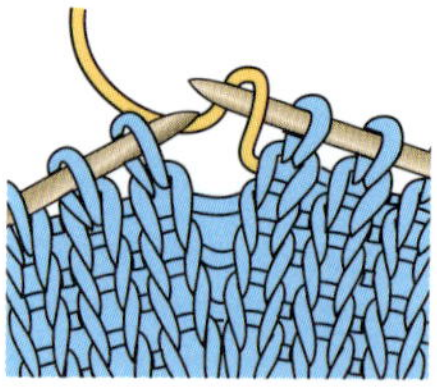

2. Tricotez la maille suivante normalement.

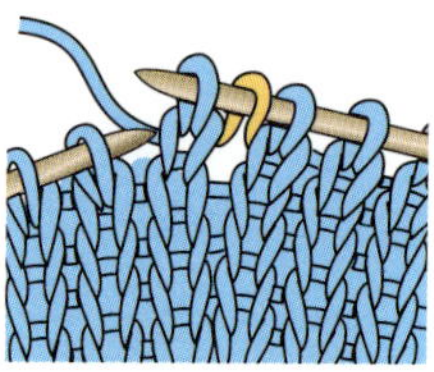

3. À la fin du rang, vous avez une maille en plus que vous tricoterez au rang suivant. Il se forme un jour (trou).

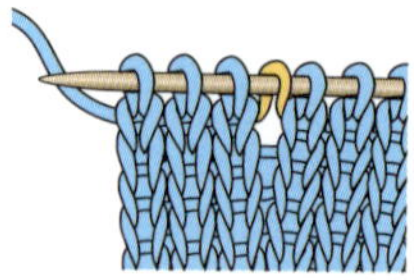

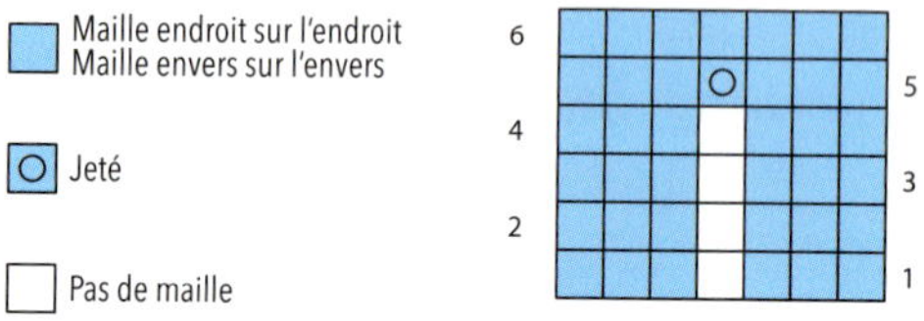

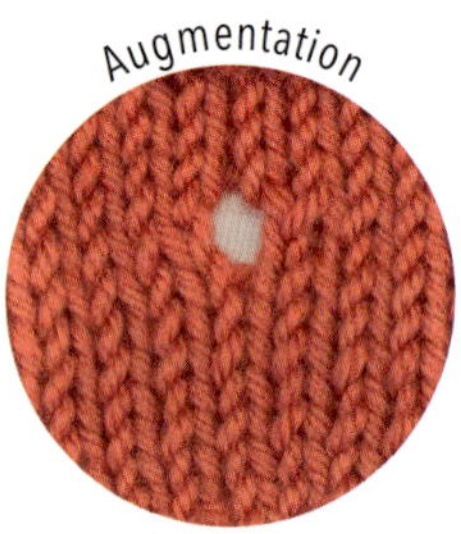

Maille jetée sur l'envers

Comme pour le jeté sur l'endroit, passez le fil devant puis par-dessus l'aiguille.

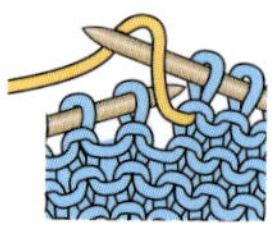

Mais **ramenez-le devant** pour tricoter la maille envers.

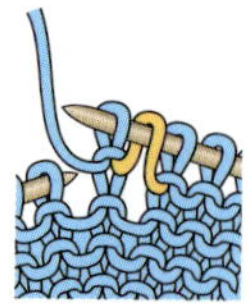

Chantal : *j'aime faire des augmentations avec des jours, cela donne un côté décoratif.*

L'augmentation intercalaire

Cette méthode évite le trou sous la maille !
Piquez l'aiguille gauche d'avant en arrière, sous le fil qui est entre les 2 mailles. Vous avez 1 maille supplémentaire sur le rang du dessous !

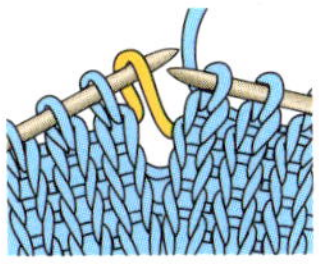

Tricotez cette maille mais **dans le brin qui est derrière**. Elle se croise et vous éviterez le trou.

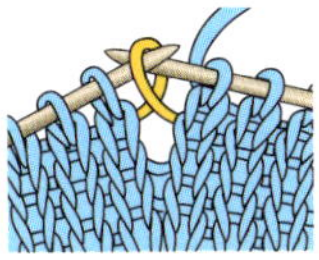

Maille endroit sur l'endroit
Maille envers sur l'envers

▼ Augmentation intercalaire

☐ Pas de maille

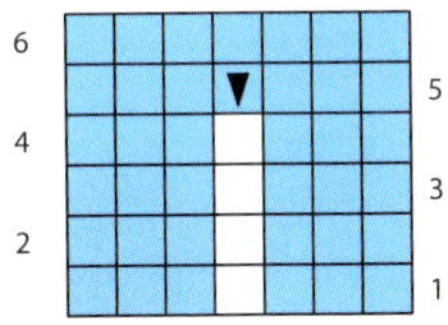

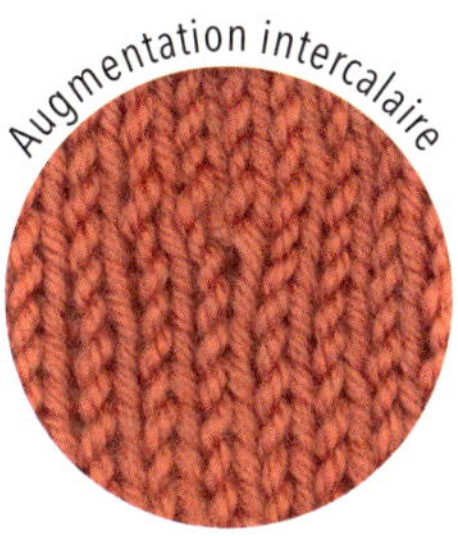

Sur l'envers, c'est pareil.

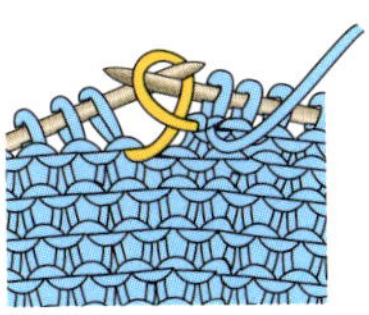

Augmenter au début ou à la fin d'un rang

En début ou en fin de rang, si vous n'augmentez que d'1 seule maille, faites une augmentation intercalaire juste après la 1re maille ou juste avant la dernière.

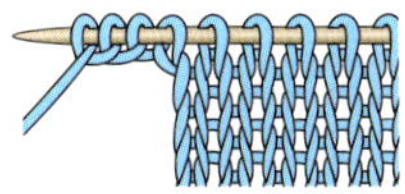

Si vous augmentez de plusieurs mailles à la fin d'un rang, montez les mailles sur l'aiguille en enroulant le fil autour de l'aiguille. En début de rang, vous ne pouvez pas monter les mailles, alors faites-le à la fin du rang précédent.

Au rang suivant, tricotez ces mailles.

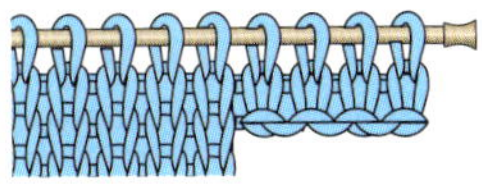

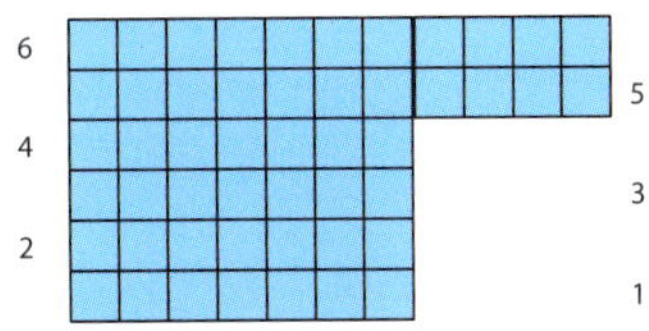

Maille endroit sur l'endroit
Maille envers sur l'envers

☐ Pas de maille

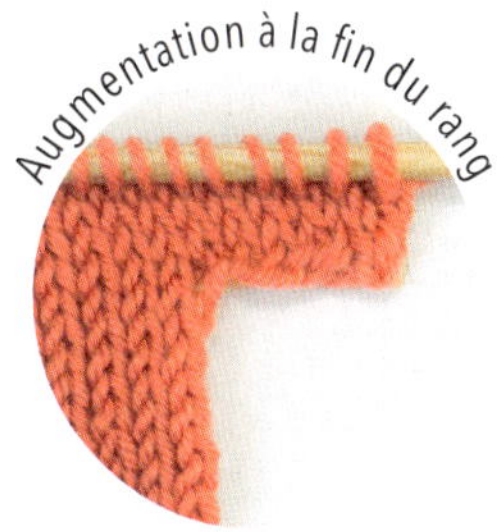

POUR RÉSUMER
Les augmentations augmentent la largeur du tricot. Il y a différentes manières de les faire.

■ LES DIMINUTIONS

Faire des diminutions, c'est réduire le nombre de mailles. On les fait au cours d'un rang pour réduire la largeur, ou à l'extrémité d'un rang pour faire des emmanchures ou un angle.

Diminutions en cours de rang

En général, elles se font sur un rang endroit.

2 mailles ensemble

Tricotez 2 mailles ensemble, c'est très simple : piquez l'aiguille droite **dans les 2 mailles** et tricotez-les ensemble, comme une seule maille.

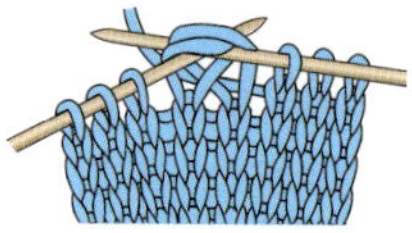

Vous avez 1 maille **inclinée sur la droite**.

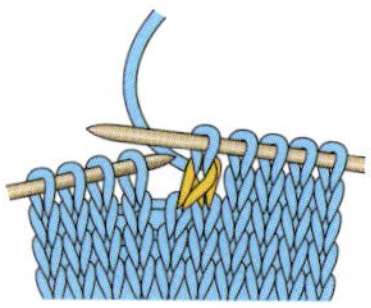

- Maille endroit sur l'endroit / Maille envers sur l'envers
- ⧄ 2 mailles ensemble
- ☐ Pas de maille

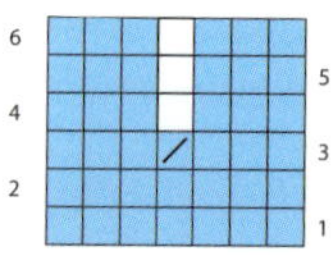

Cette technique est très simple et vous pouvez l'utiliser tout le temps. Mais si vous voulez de la symétrie, il existe une diminution inclinée à gauche, c'est la GGT.

GGT (glisse-glisse-tricote)

1. Glissez la 1re maille sur l'aiguille de droite sans la tricoter.

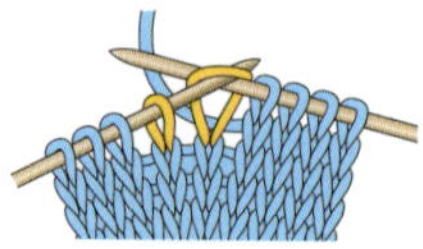

2. Glissez la maille suivante de la même manière. Glissez la pointe de l'aiguille gauche sous les 2 mailles glissées.

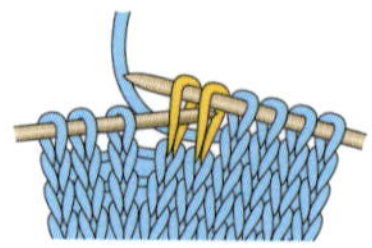

3. Tricotez les 2 mailles ensemble comme une maille endroit.

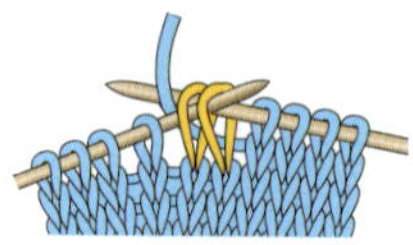

4. Vous avez 1 maille **inclinée à gauche**.

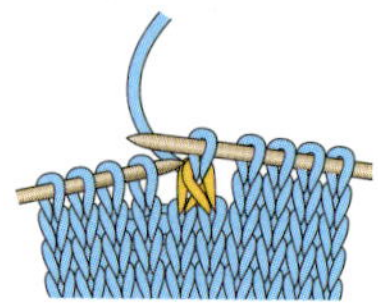

- Maille endroit sur l'endroit / Maille envers sur l'envers
- ⧅ GGT
- Pas de maille

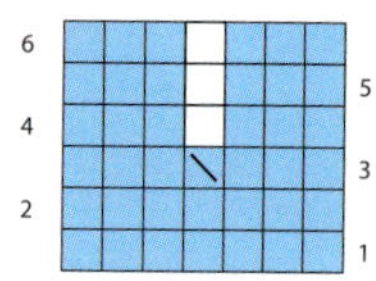

Diminutions au bord d'un tricot

En début ou en fin de rang, si vous ne diminuez que d'une seule maille, faites-le juste après la 1re maille ou juste avant la dernière.
Si vous voulez diminuer de plusieurs mailles, cela se fait toujours en début de rang. Il suffit de rabattre le nombre de mailles indiqué dans les explications, au début du rang, puis de tricoter le reste du rang (voir Rabattre les mailles page 24).

POUR RÉSUMER
Les diminutions réduisent la largeur du tricot.
Comptez bien vos mailles à la fin du rang.

Mattéo : je ne sais pas compter le nombre des mailles que j'ai rabattues.

Pour les compter en début de rang : comptez chaque maille qui passe sur l'autre.

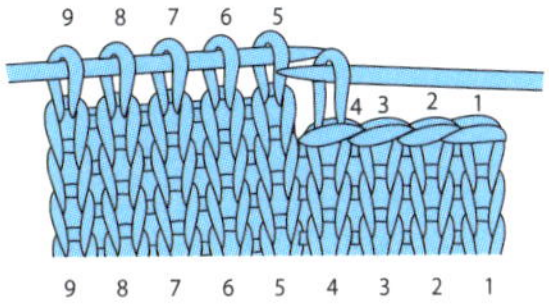

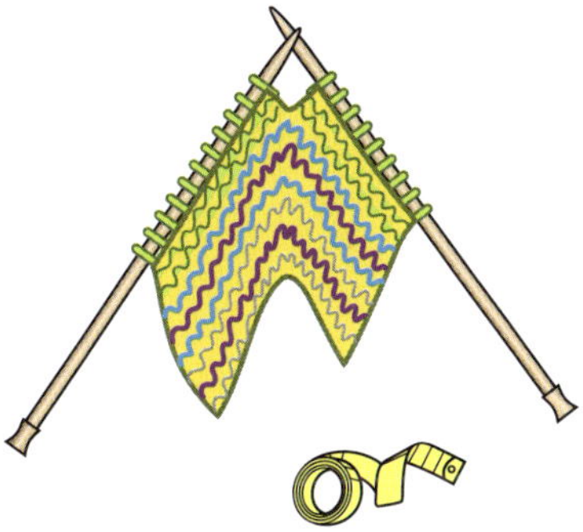

■ ARRÊTER OU RABATTRE LES MAILLES

Maintenant que vous savez tricoter les points de base, apprenez à terminer votre tricot. On appelle ça **arrêter ou rabattre les mailles**.

1. Vous avez fait le dernier rang. Tricotez les 2 premières mailles.

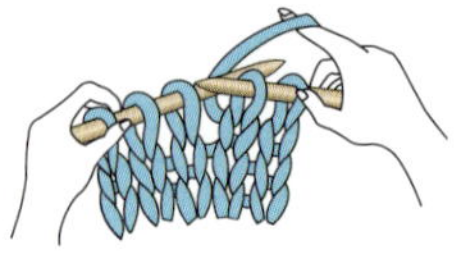

2. Piquez l'aiguille gauche dans la 1re maille de l'aiguille droite et soulevez-la.

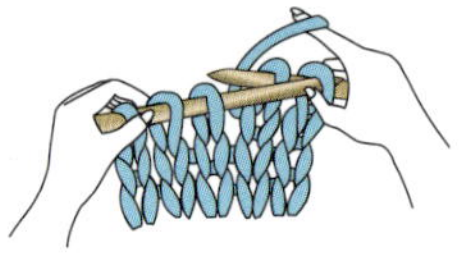

3. Passez cette 1re maille par-dessus la seconde.
Attention : retenez la 2e maille en tirant le fil côté main droite.

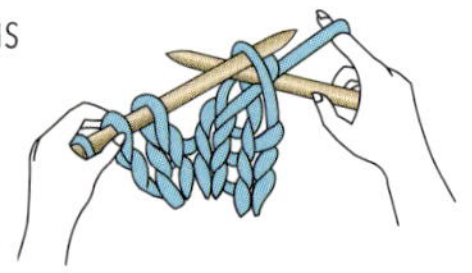

4. Laissez tomber la maille : il reste 1 maille sur l'aiguille droite.

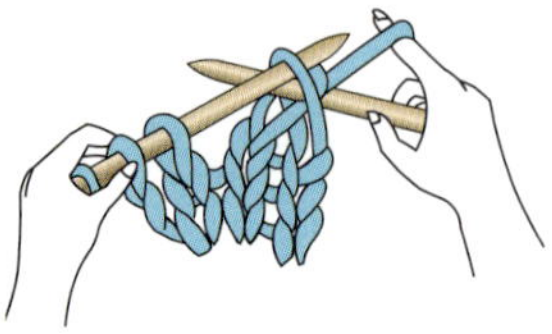

5. Tricotez la maille suivante de l'aiguille gauche. Vous avez à nouveau 2 mailles sur l'aiguille droite. Répétez l'opération pour faire passer la 1re maille de l'aiguille droite par-dessus la 2e. Continuez jusqu'à la fin du rang. Il vous reste 1 maille sur l'aiguille.
Coupez le fil et tirez-le à travers la dernière maille.

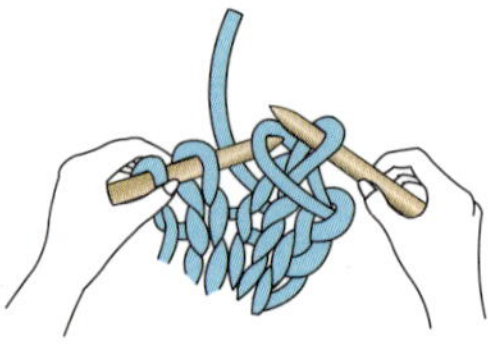

ASTUCE ▶ Ne tirez pas trop sur le fil en rabattant les mailles, sinon la bordure de votre tricot sera trop serrée. Vérifiez bien avant de couper le fil. Si c'est le cas, détricotez vos mailles et refaites-les avec des aiguilles plus grosses d'un demi-point.

À SAVOIR

Pour rabattre les mailles sur des côtes, faites des mailles endroit au-dessus des mailles endroit et des mailles envers au-dessus des mailles envers.

POUR RÉSUMER

Rabattez les mailles souplement pour ne pas serrer le bord du tricot.

■ RENTRER LES FILS

Changement de pelote, de couleur ou simple tricot arrêté, sur tous les ouvrages, il y a des fils à cacher.
Enfilez les fils dans une aiguille à laine et **faites-les passer plusieurs fois** dans les mailles en zigzaguant.
Coupez ce qui dépasse.

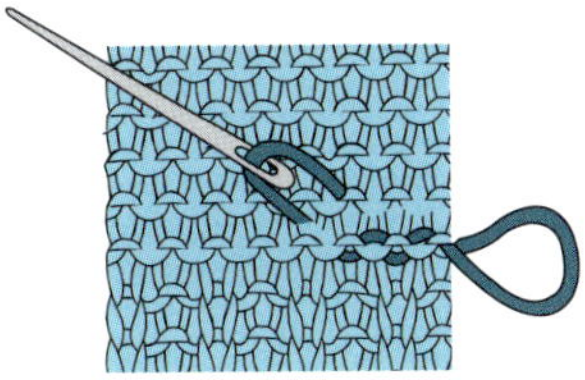

Si le bord ne doit pas être visible, glissez-les dans les mailles du bord.

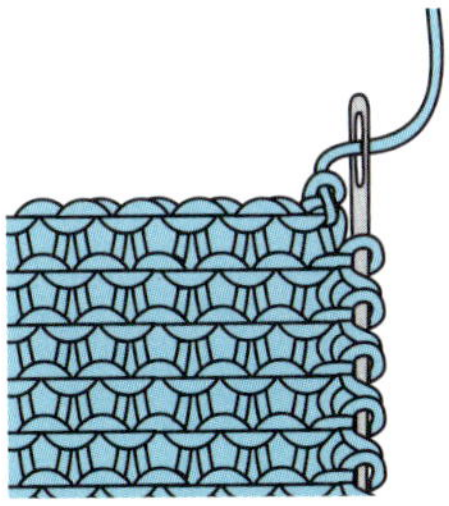

■ RELEVER LES MAILLES

Cette technique est utile pour tricoter dans des mailles déjà existantes, pour reprendre une bordure ou un col.

Avec l'aiguille à tricoter

Attachez le nouveau fil dans la 1re maille. Piquez l'aiguille sous cette 1re maille et enroulez le fil comme pour tricoter la maille.

Soulevez la maille et ramenez le fil sur l'endroit, à travers la maille.
Laissez-le sur l'aiguille et recommencez sur les autres mailles du rang.

À la fin du rang, tournez le tricot et tricotez. Attention, vous êtes sur l'envers.

Avec un crochet

Si vous avez un crochet, c'est plus facile. Piquez le crochet dans les mailles d'avant en arrière pour attraper le fil et passez l'aiguille dans les boucles.

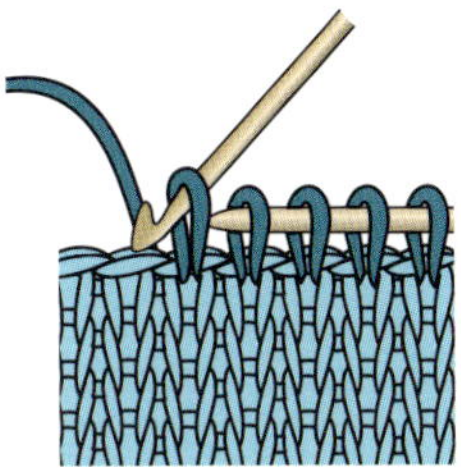

■ LES AIGUILLES CIRCULAIRES

Anaïs : depuis que j'ai appris à utiliser les aiguilles circulaires, je ne jure que par ça !

Les aiguilles circulaires permettent de tricoter en rangs ou en rond. Ce sont 2 aiguilles courtes réunies par un câble. Les aiguilles existent de différentes grosseurs, comme les aiguilles traditionnelles, ce qui permet de donner leur largeur aux mailles. Ensuite les mailles se glissent sur le câble.
La longueur et la souplesse du câble permettent de tricoter de grandes largeurs, dans des espaces réduits, sans s'encombrer.

ASTUCE ▶ Achetez-les munies d'un câble de 80 cm de long, vous pourrez tricoter des ouvrages larges. Vous pourrez aussi tricoter en rond de petits ouvrages (chaussettes, bonnet, manches de pull) grâce à la technique du Magic Loop.

Tricoter en rang

1. Montez le nombre de mailles voulu sur une des 2 aiguilles, de la même manière qu'avec des aiguilles traditionnelles.

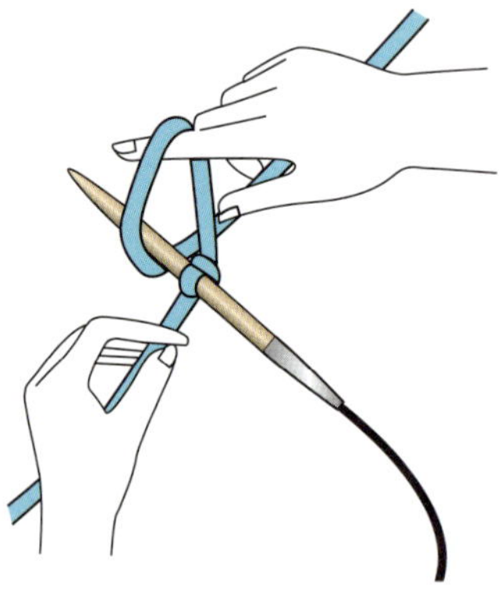

Faites-les glisser au fur et à mesure sur le câble.

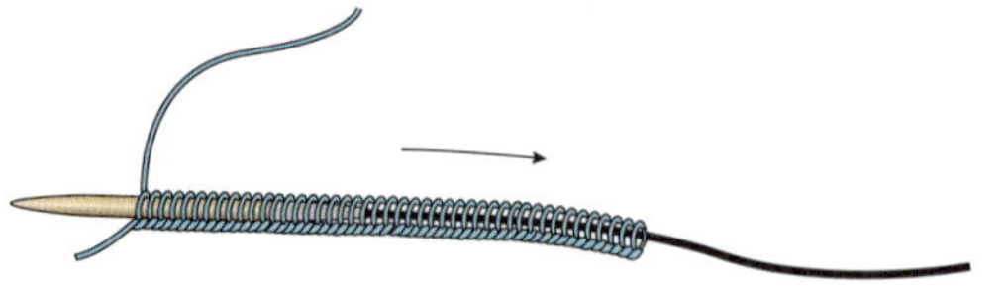

2. Prenez l'aiguille qui a les mailles dans la main gauche et tricotez-les avec l'aiguille droite.

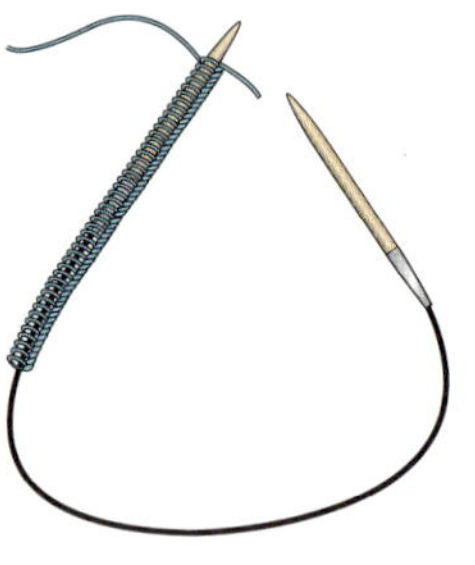

3. C'est comme si vous tricotiez avec 2 aiguilles, reliées par un câble.

Tricoter en rond (Magic loop)

1. Montez les mailles.

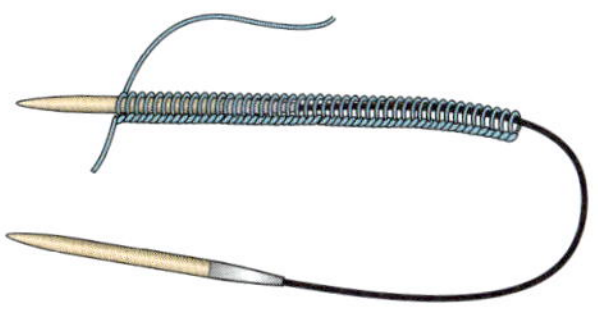

2. Glissez les mailles au centre du câble, puis pliez le câble en deux.

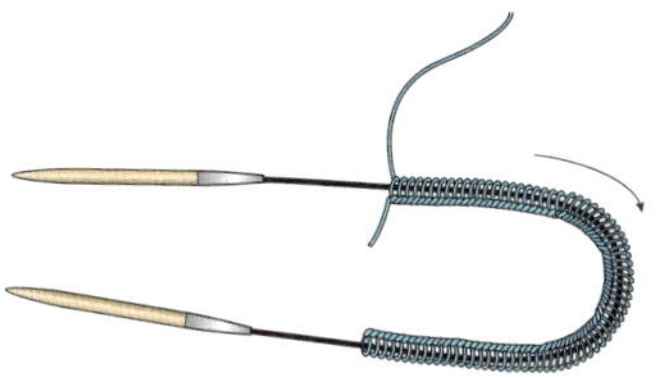

À SAVOIR

Pour tricoter en rond, il existe la technique plus ancienne des **aiguilles doubles pointes**. On tricote en passant les mailles sur 3 ou 4 aiguilles, mais c'est plus compliqué.

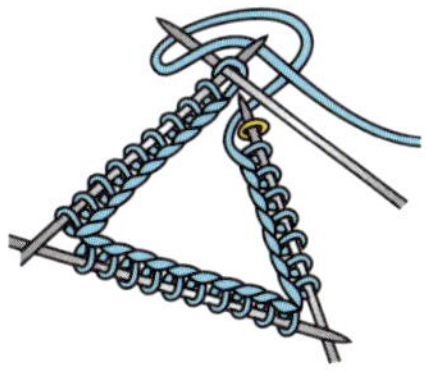

3. Tirez le câble au milieu des mailles. Vous obtenez un groupe de mailles sur chaque aiguille, qui sont séparées par le câble. Vérifiez que les bas des mailles sont bien alignés.

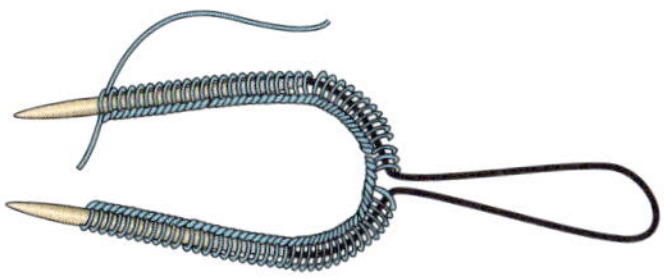

4. Amenez les mailles à tricoter (celles qui ne sont pas du côté du fil) vers la pointe de l'aiguille. Tirez sur le câble pour libérer l'aiguille qui va servir à tricoter (celle qui a le fil).

5. Tenez l'aiguille qui a les mailles dans la main gauche et commencez à tricoter la 1re maille avec l'aiguille droite.

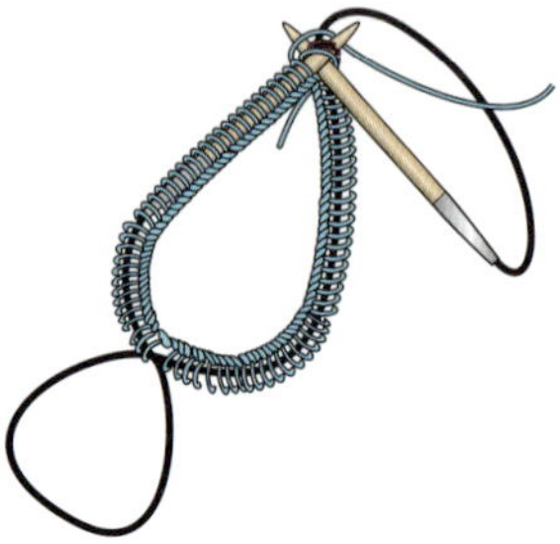

6. Mettez un anneau marqueur sur la 1re maille et un autre sur la maille du milieu. Tricotez le 1er groupe de mailles. Avancez au fur et à mesure les mailles sur l'aiguille gauche en tirant sur le câble. Le câble se met en boucle, c'est la Magic Loop !

7. Quand vous avez tricoté tout le 1er groupe de mailles, les mailles sont sur l'aiguille droite. Il n'y a plus de mailles sur l'aiguille gauche.

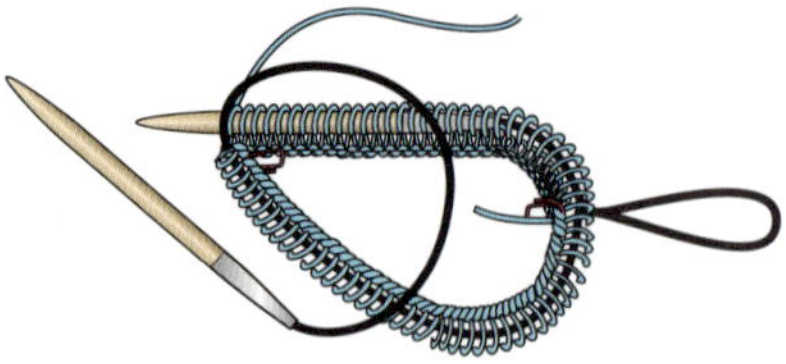

8. Avancez le 2e groupe de mailles sur l'aiguille gauche, en tirant sur le câble.

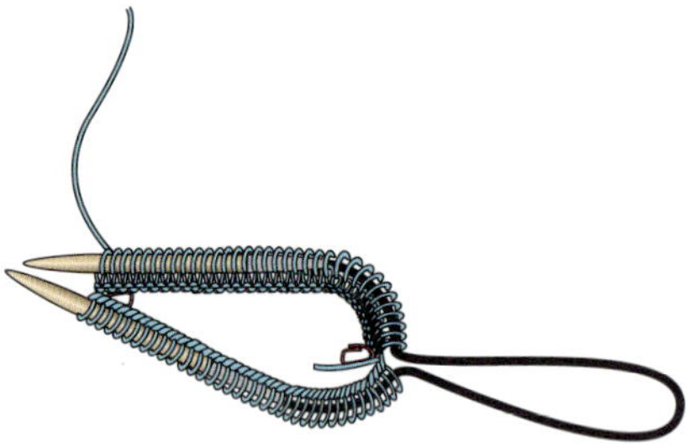

9. Répétez les opérations 4 à 7 pour tricoter le second groupe de mailles.
Vous venez de tricoter **votre 1er tour**.
Tricotez le nombre de tours indiqué, en vous aidant des anneaux marqueurs pour vous repérer.
Rabattez les mailles.

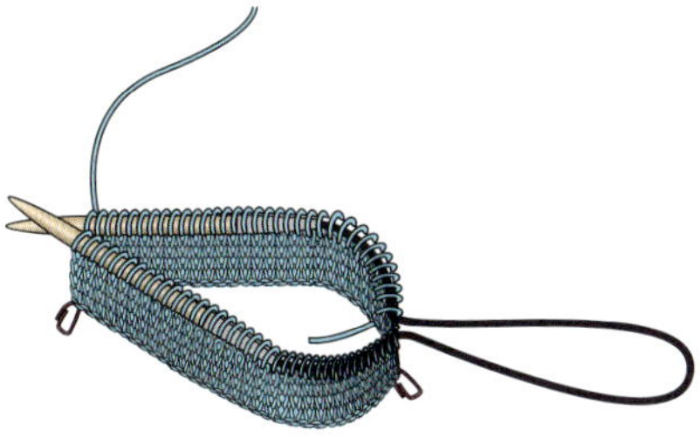

POUR RÉSUMER
Lorsque vous tricotez en rond, vous ne faites pas d'allers et retours : vous ne tricotez que des mailles endroit ! En revanche pour faire du point mousse, il faut alterner 1 rang endroit et 1 rang envers.

LE SAVIEZ-VOUS ?

Les Norvégiens n'aiment pas tricoter les mailles envers. Ils tricotent les vestes en rond comme des pulls, et les coupent ensuite.

Phil'
ACADÉMIE

TRUCS ET ASTUCES

2

Pour tout savoir
sur le tricot

4 AVANT DE COMMENCER

■ CHOISIR UN MODÈLE

Avant d'acheter le fil et les aiguilles, il faut choisir un modèle. Celui-ci vous indiquera combien de pelotes sont nécessaires ainsi que la taille des aiguilles.
Si vous débutez, choisissez un petit modèle simple. Il se tricotera vite et ne coûtera pas cher : un bonnet, une petite écharpe, un coussin, des chaussons de bébé, un doudou…

Si c'est un vêtement, évitez :

- les points compliqués
- les augmentations et diminutions
- les modèles qui nécessitent de compter les mailles
- les fils trop fins (en dessous du chiffre 4)
- les fils foncés (on voit mal les mailles)
- les formes ajustées qui risquent de mal vous aller

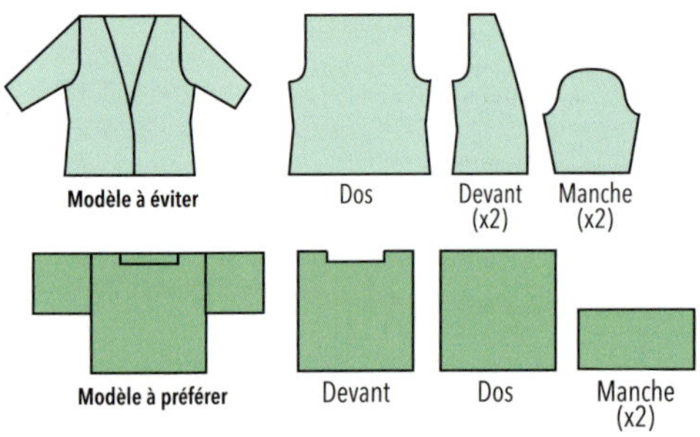

ASTUCE ▶ Fiez-vous à la longueur des explications pour choisir votre modèle : plus c'est court, plus il sera simple ! Mon conseil : pour un premier modèle, demandez conseil à une personne plus expérimentée dans un café tricot, une mercerie ou sur un forum en ligne, comme la Phil'Académie (www.phildar.fr).

Phil' ACADÉMIE BY phildar WWW.PHILDAR.FR

POUR RÉSUMER
- Choisissez bien votre modèle avant d'acheter la laine.
- Préférez un modèle petit qui utilise un gros fil.

***Charlotte** : je tricote devant la télé et je ne veux pas avoir à compter !*

Choisissez un modèle de forme ample et à base de rectangles, au point mousse ou jersey, et de couleur claire.

■ PRENDRE LES MESURES

La plupart des modèles de vêtements sont expliqués dans plusieurs tailles. Pour vérifier votre taille, quelques mesures suffisent. Prenez-les sans serrer avec un mètre ruban.

A- Le tour de poitrine : se mesure horizontalement au niveau de la pointe des seins.

B- Le tour de taille : à l'endroit le plus creux de la taille, légèrement au-dessus du nombril.

C- Le tour de bassin : à l'endroit le plus large.

Tableau des tailles

Tailles	34/36	38/40	42/44	46/48	50/52
Tour de poitrine en cm	80/84	88/92	96/100	104/110	116/122
Tour de taille en cm	59/62	65/69	73/77	81/85	91/97
Tour de bassin en cm	84/88	92/96	100/104	108/114	120/126

ASTUCE ▶ Si vous hésitez entre deux tailles, choisissez toujours la plus grande.

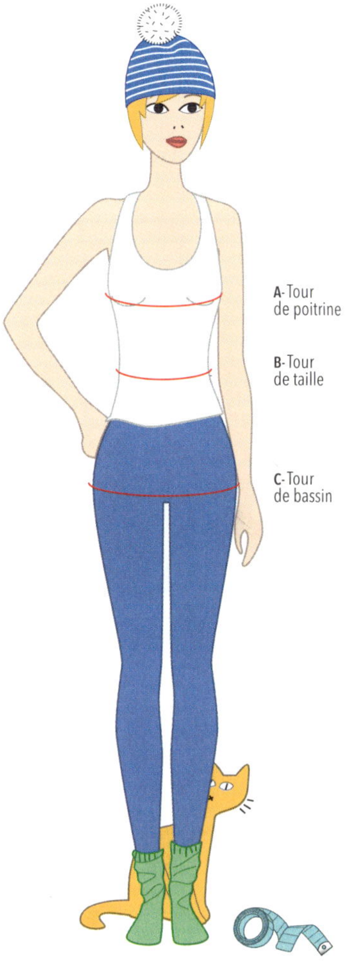

■ PRÉPARER LE MATÉRIEL

Vous avez choisi votre fil et les aiguilles qui vont avec. Équipez-vous aussi :

❶ du nombre de pelotes nécessaires à réaliser le modèle choisi,
❷ ❸ d'aiguilles adéquates (droites ou circulaires),
❹ d'un mètre ruban pour prendre vos mesures,
❺ d'une paire de ciseaux,
❻ de longues épingles à bout en verre,
❼ d'aiguilles à laine pour coudre (voir assemblages page 54),
❽ d'anneaux marqueurs pour indiquer certaines mailles ou certains rangs (voir page 12),
❾ d'aiguilles auxiliaires pour faire des torsades,
❿ d'un compte-rangs pour compter les rangs,
⓫ d'un crochet pour rattraper les mailles,
⓬ d'un arrêt de mailles pour mettre les mailles en attente,
⓭ d'un câble arrêt de mailles pour l'essayage

- de papier et d'un crayon pour prendre des notes
- et de tout le matériel pour faire les finitions : boutons, agrafes, selon vos goûts.

ASTUCE ▸ Prenez un grand sac dans lequel vous aurez en permanence tout votre matériel. Partout où vous irez, il sera toujours prêt à tricoter !

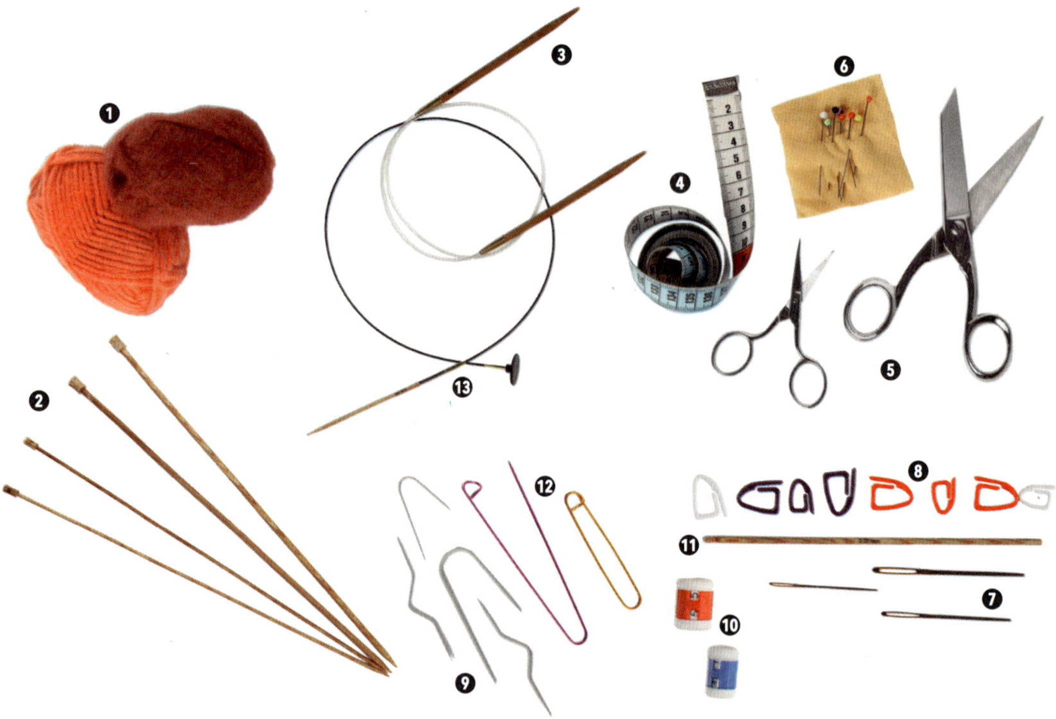

■ CHOISIR LES FILS

Maintenant que vous avez choisi votre modèle, vous pouvez acheter le matériel !
Le plus simple est d'acheter le fil indiqué dans les explications. Mais vous pouvez avoir envie d'utiliser un autre fil.

Les différentes qualités de fils

De nombreuses matières existent : la laine, la laine mélangée, le coton, la soie, le lin, synthétique, recyclé, etc. Réfléchissez à l'usage que vous allez faire du tricot : allez-vous le laver à la main ? Doit-il être chaud ? Doit-il être brillant ?
Si vous n'avez pas l'étiquette, c'est au toucher que vous la choisirez. Passez-la près de votre visage pour sentir si elle est douce.

Coton

Laine

Soie

Acrylique

Mohair

Clémentine : *comment je reconnais la laine de qualité ?*

Regardez la composition sur l'étiquette.
La laine de qualité est celle qui est la plus naturelle et contient peu d'acrylique. Pour les accessoires et les tricots d'hiver, choisissez les laines chaudes et douces telles que la laine angora, la laine alpaga ou encore la laine mohair. En été, tournez-vous plutôt vers les fibres végétales moins chaudes comme le coton ou le lin.

À SAVOIR

Pour apprendre, choisissez un fil plutôt lisse, rond et clair pour bien voir les mailles. Évitez les fils de coton qui se séparent, les fils poilus ou irréguliers avec lesquels on ne voit pas bien les mailles.

Clémentine : *quand je tricote, ça grince.*

C'est peut-être que vous tricotez trop serré et que vous utilisez du fil en acrylique. Prenez de la laine de qualité et des aiguilles en bois.
Il arrive que l'on transpire des mains. Dans ce cas, mettez du talc.

Lire une étiquette

Sur la bande qui entoure votre pelote, vous trouverez toutes les informations.

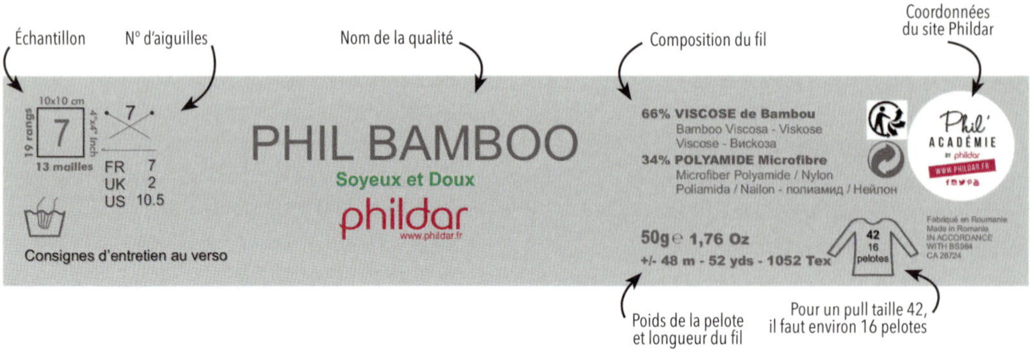

Calculer le nombre de pelotes

ASTUCE ▶ Achetez toutes vos pelotes en une seule fois : elles seront du « même bain », c'est-à-dire qu'elles auront toutes exactement la même couleur.

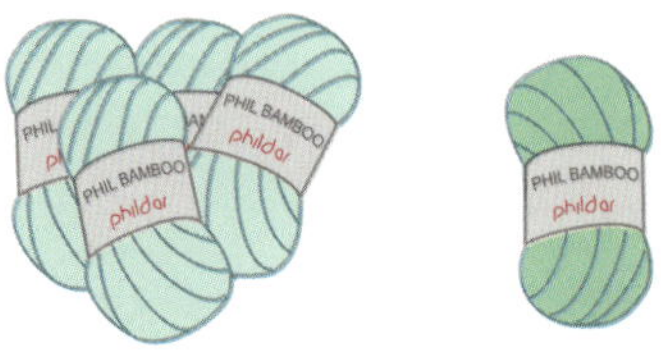

Géraldine : je n'utilise jamais les fils indiqués. Comment savoir combien de pelotes je dois utiliser ?

Pour choisir un autre fil que celui préconisé pour le modèle, regardez l'échantillon indiqué sur l'étiquette du nouveau fil : il doit être identique à celui du modèle, au moins pour le nombre de mailles.
Reportez-vous au **tableau d'équivalence** de votre catalogue, ou bien sur celui de la Phil'Académie sur Phildar.fr.

POUR RÉSUMER
- Les beaux fils sont les plus naturels, ceux qui sont à base de laine ou de fibres végétales.
- Choisissez-les au feeling ou en regardant l'étiquette.

■ CHOISIR LES AIGUILLES À TRICOTER

Les aiguilles à tricoter existent **en acier, en bois ou en plastique**.
Les aiguilles en plastique sont les plus légères, et aussi les moins chères.
Les aiguilles en métal, elles, sont plus glissantes et plus lourdes.
Les aiguilles à tricoter en bois sont **aussi légères que le plastique et aussi lisses que l'acier**. Elles sont donc recommandées mais elles sont plus chères.

À SAVOIR

Il existe des **aiguilles droites** (les aiguilles traditionnelles) et aussi des **aiguilles circulaires** qui permettent de tricoter en long et en rond. Essayez-les, elles peuvent remplacer les aiguilles traditionnelles.

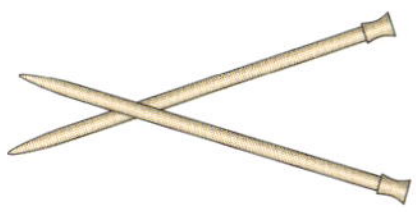

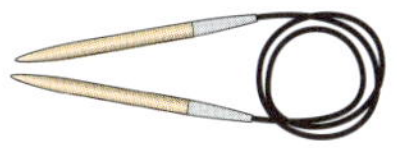

ASTUCE ▶ Achetez des kits de plusieurs aiguilles, vous vous en servirez un jour ou l'autre.
La grosseur des aiguilles est indiquée par un chiffre. Plus le chiffre est petit, plus le fil est fin.

Quelques exemples de grosseur de fils à utiliser

- aiguilles 1,5-3 mm = laine la plus fine, pour tricoter des châles par exemple.
- aiguilles 2,5-3 mm = laine utilisée pour les vêtements de bébés (layette).
- aiguilles 3-4 mm = laine qualité Sport pour tricoter toutes sortes de modèles : couverture, châle, pull…
- aiguilles 4-5 mm = laine la plus classique utilisée pour tricoter des gilets, pulls, écharpes…
- aiguilles 6-7 mm = laine assez épaisse utilisée pour tricoter des couvertures, gros pulls, snood…
- aiguilles 10-12 mm = laine pour tricoter toutes sortes de vêtements qui tiennent très chaud, comme un bonnet.

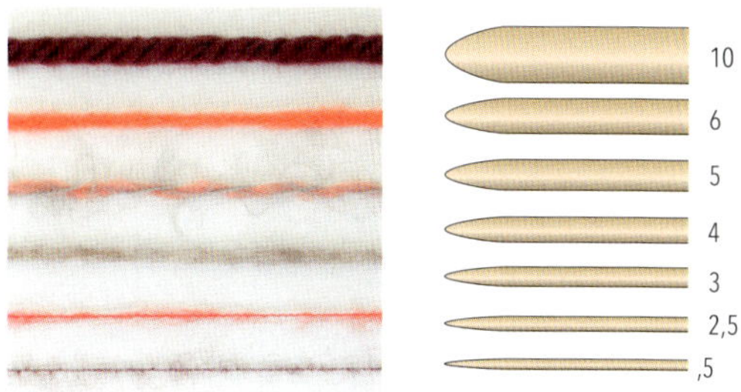

ASTUCE ▶ Pour connaître la grosseur des aiguilles si le chiffre est effacé, il existe des jauges à aiguilles perforées de trous de différentes tailles : ces trous correspondent aux tailles d'aiguilles.

■ FAIRE UN ÉCHANTILLON

Avant de commencer, vérifiez si vous tricotez de manière **lâche ou serrée** pour éviter les mauvaises surprises. Pour cela, il faut tricoter un échantillon.
Bien que l'on soit tenté d'en faire l'impasse, cette étape est très importante pour que le modèle soit aux **bonnes dimensions**.
L'échantillon correspond au **nombre de mailles et de rangs** à tricoter pour obtenir un **carré de 10 x 10 cm, tricoté en jersey,** avec une grosseur d'aiguilles donnée. (Celle-ci est indiquée sur le modèle ou sur les pelotes.)

S'il faut tricoter l'échantillon dans un autre point que le jersey, c'est indiqué.
Exemple : 10 x 10 cm au point de riz = 13 mailles x 18 rangs.
Pour cela, tricotez un nombre de mailles et de rangs plus élevé que celui indiqué sur le modèle afin que les lisières ne soient pas comptées. Rabattez les mailles.
Étalez l'échantillon bien à plat sur une table sans tirer.
Mesurez un carré de 10 x 10 cm et plantez des épingles comme repères. Comptez les mailles et les rangs entre les épingles.

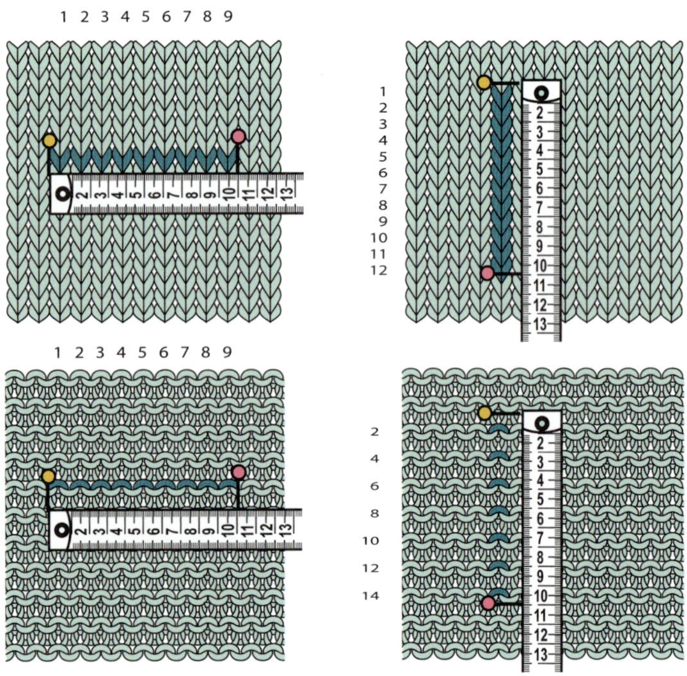

Clémentine : j'ai la flemme de faire l'échantillon, je ne le fais jamais.

Alors tricotez un sac, une écharpe ou un poncho, dont les dimensions n'ont pas besoin d'être très précises. Mais pour un vêtement, l'échantillon est indispensable.

Si vous obtenez **plus de mailles et de rangs** qu'indiqué, vous tricotez **plus serré** que le modèle : prenez des aiguilles plus grosses de 0,5 ou 1.
Si vous obtenez **moins de mailles et de rangs** qu'indiqué, vous tricotez **plus lâche** que le modèle : prenez des **aiguilles plus petites**.

ASTUCE ▶ C'est surtout le nombre de mailles qui doit correspondre au modèle. Vous pourrez toujours adapter le nombre de rangs en fonction des dimensions.

POUR RÉSUMER
Si vous tricotez un vêtement, l'échantillon est indispensable pour obtenir les mêmes dimensions que le modèle !

ASTUCE ▶ Ne jetez pas vos échantillons !
Vous pouvez les garder pour la prochaine fois. Dans ce cas, épinglez une étiquette qui indique la référence de la laine et les aiguilles utilisées.
Vous pouvez aussi les utiliser pour faire une poche sur une écharpe, un doudou ou les assembler en patchwork. Laissez libre cours à votre créativité !

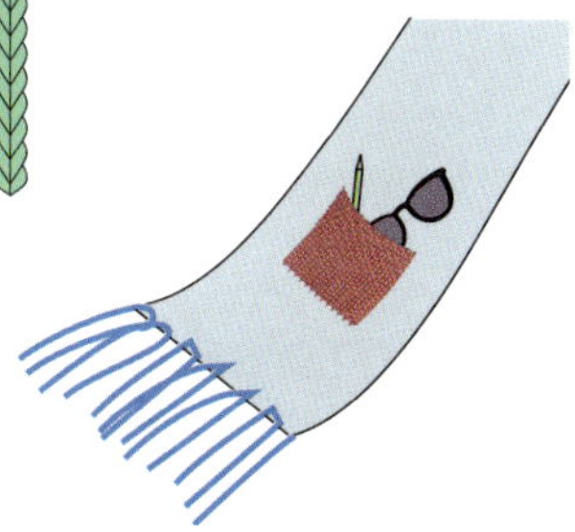

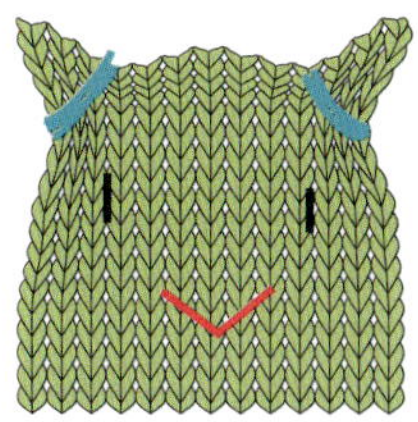

■ RECONNAÎTRE LES MAILLES

Sur du **jersey endroit**, les mailles forment **des V**.
Sur **l'envers**, elles forment **des petites vagues**.
Sur du point mousse, on a une alternance de rangs endroit et envers ; vous avez les deux : des V et des vagues.

Jersey endroit

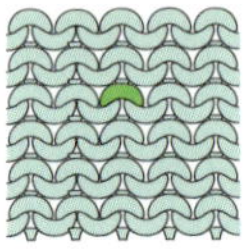

Jersey envers

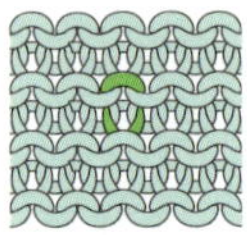

Point mousse

Colette : je n'arrive pas à compter les mailles et les rangs.

Compter les mailles et les rangs

Sur du jersey

C'est simple, il faut compter les V en largeur et en hauteur.

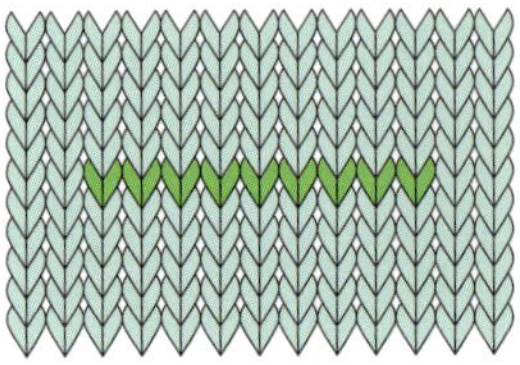

Sur du point mousse

En largeur, comptez les vagues.
En hauteur, vous avez une alternance de V et de vagues tous les deux rangs. Comptez les vagues et multipliez par deux.

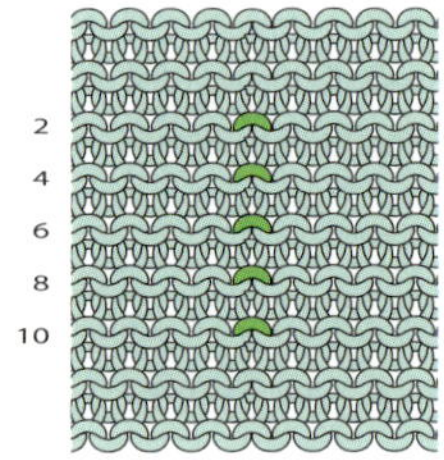

ASTUCE ▶ Placez un compte-rangs au bout de l'aiguille pour monter vos rangs. Tournez la molette à la fin de chaque rang.

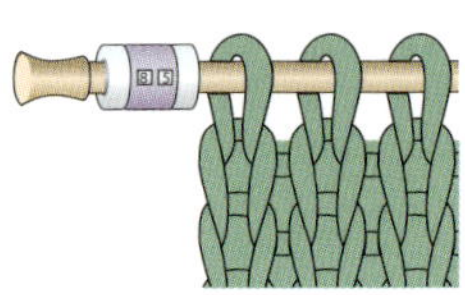

■ COMPRENDRE LES EXPLICATIONS

Pour suivre un modèle, il est important de bien comprendre les explications.

Au début sont indiqués :

- les tailles dans lequel le modèle est expliqué. Parfois les tailles sont groupées pour simplifier les explications.
Exemple : 34/36, 38/40, 42/44 : ici, on a 3 tailles.
- la liste de matériel (référence du fil, nombre de pelotes, grosseur des aiguilles et les autres fournitures si nécessaire).
Exemple : Pour le fil sont indiqués sa qualité et son coloris : Qualité Phil Express, coloris Crème.
- la liste des techniques utilisées ; elles sont expliquées en général au début ou à la fin du livre.
Exemple : Point mousse, point de riz.
- l'échantillon
Exemple : 10 x 10 cm = 13 mailles x 18 rangs

Ensuite viennent les textes :

Au premier abord, ils font très peur mais quand on s'y plonge, tout devient clair !

Les points utilisés ont des termes bien précis. Si vous ne connaissez pas un terme, il faut se référer au **lexique** ou bien aux **bases du tricot** (voir pages 5 à 29), où les points sont expliqués.

Pour raccourcir le texte, les termes sont souvent écrits en abréviations. Un **tableau des abréviations** (voir page 127) vous aidera à les comprendre.
Exemple : Faire 2 m.end, 2 m.env. Cela signifie 2 mailles endroit, 2 mailles envers.

> Photocopiez le tableau des abréviations sur un papier à part : vous les aurez sous les yeux pour travailler.

Lorsqu'une succession de points doit être répétée plusieurs fois, elle est entre 2 **astérisques**. La fois suivante, seules les 2 astérisques seront citées.
Exemple : Faire *2 m.end, 2 m.env*, répéter de * à *. Cela signifie qu'il faut répéter « 2 m.end, 2 m.env ».

Lorsque le modèle est expliqué dans **plusieurs tailles**, les nombres de mailles correspondant aux différentes tailles sont indiqués à la suite, dans l'ordre de la taille la **plus petite à la plus grande**.
Ils sont séparés par des tirets ou des barres obliques. Parfois ils sont repérés par une lettre devant ou bien une couleur différente.
Par exemple :
Exemple : 24-25-26-28-30 ou 24/25/26/28/30
a)24-b)25-c)26-d)28-e)30 ou a)24/b)25/c)26/d)28/e)30

ASTUCE ▶ Pour ne pas vous tromper, surlignez votre taille dans le texte et sur les patrons.

POUR RÉSUMER
Même si elles sont rébarbatives, suivez les explications scrupuleusement !

■ COMPRENDRE LES PATRONS

Ce sont des plans des différentes pièces à tricoter. Ils indiquent la forme de chaque pièce avec ses **dimensions** en centimètres et parfois le **nombre de mailles et de rangs**.
Le **point** est parfois aussi indiqué.
Lorsque le modèle est expliqué dans **plusieurs tailles**, les dimensions et le nombre de mailles et de rangs de chaque taille sont indiqués à la suite, comme dans le texte explicatif.

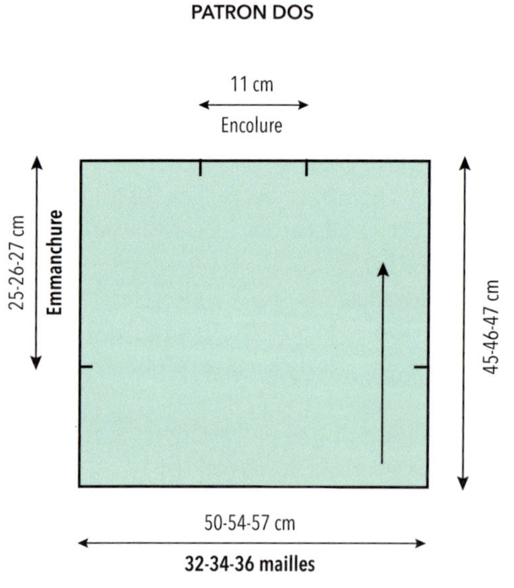

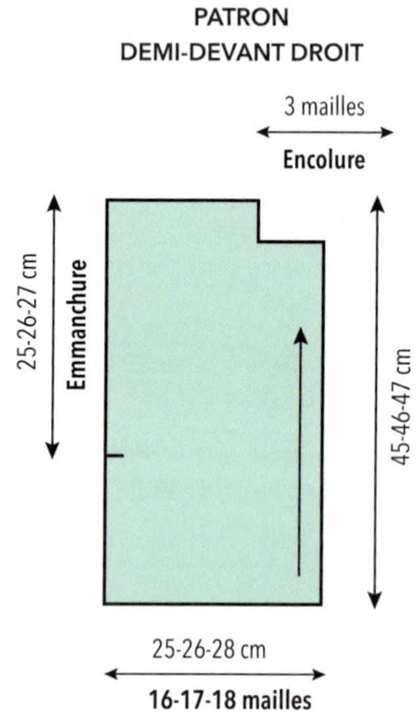

■ COMPRENDRE LES GRILLES

La grille montre une partie du modèle. Elle représente l'endroit du tricot. Chaque carré représente 1 maille. Les symboles dans les carrés représentent les mailles (leur signification est expliquée dans une légende à côté de la grille).
Elle se lit de bas en haut. Les rangs impairs se lisent de droite à gauche et les rangs pairs de gauche à droite.
Les rangs impairs sont ceux que l'on tricote sur l'endroit.
Les rangs pairs sont ceux que l'on tricote sur l'envers.
Les chiffres à gauche et à droite indiquent le début des rangs.
Les chiffres en bas indiquent les mailles.

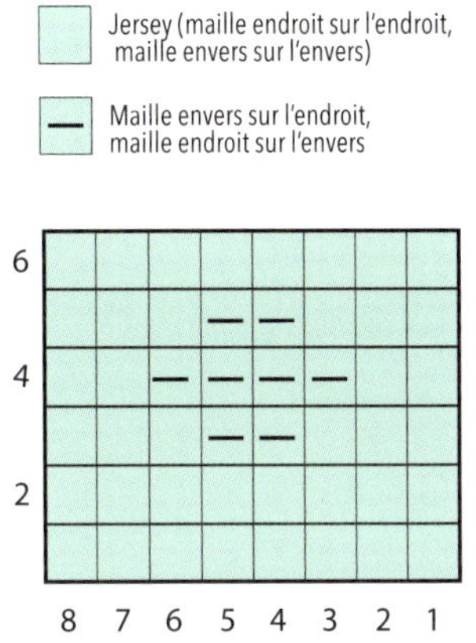

POUR RÉSUMER
Les patrons et les grilles vous permettent de visualiser le travail à faire.

Géraldine : je ne suis pas les modèles car j'ai du mal à comprendre les explications.

C'est normal, les explications sont souvent rébarbatives. Commencez par des modèles simples, avec peu de texte et surtout des dessins.

5 JE TRICOTE FACILEMENT

■ REMETTRE LES MAILLES SUR L'AIGUILLE

Maintenant que vous avez les bases, voici quelques trucs et astuces en plus pour tricoter facilement.

Manon : quand je rattrape une maille je ne sais jamais si elle est dans le bon sens, et ça crée des défauts dans mon tricot.

Le sens des mailles

Après avoir remis les mailles sur l'aiguille, vérifiez qu'elles sont dans le bon sens.
La maille qui est sur l'aiguille a deux jambes : une devant l'aiguille et une derrière.
La jambe la plus à droite doit être devant. Si elle est derrière, la maille est tordue.
Pour la maille envers c'est la même chose, la jambe la plus à droite doit être devant. Si elle est derrière, la maille est tordue.

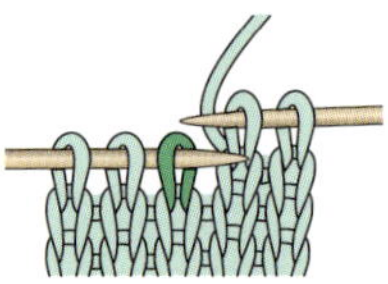

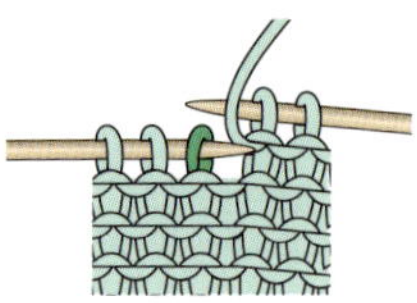

REMARQUE

Les mailles qui sont sur l'autre aiguille ont aussi la jambe droite devant.

Pour retourner une maille tordue

Si votre maille est dans le mauvais sens, vous pouvez la retourner avec les aiguilles : piquez l'aiguille droite dans la maille, derrière l'aiguille gauche.

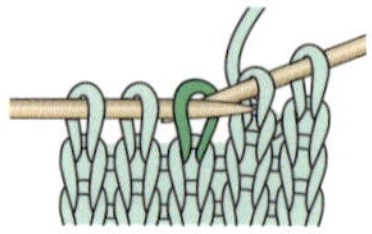

Transférez la maille sur l'aiguille droite. La maille est toujours à l'envers.

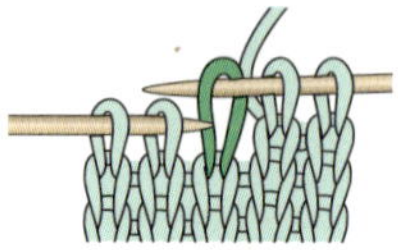

Piquez l'aiguille gauche dans la maille en passant devant la jambe gauche.

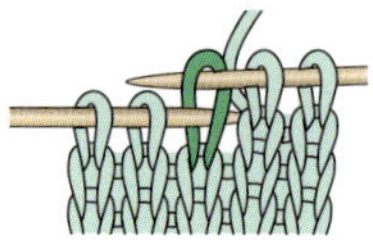

Remettez-la sur l'aiguille gauche. Elle est à l'endroit.

POUR RÉSUMER

La jambe droite de la maille doit toujours être devant, en maille endroit ou en maille envers.

Justine : j'ai peur de perdre mes mailles, comment les récupérer ?

Lorsque vous débutez, les mailles sortent souvent des aiguilles. Pas de panique, c'est facile à rattraper ! Surtout ne tirez pas sur les mailles, tout va se détricoter. Avancez doucement l'aiguille pour les remettre dessus.

■ RATTRAPER UNE MAILLE PERDUE

Il peut arriver qu'une maille glisse pendant que vous tricotez.
Rattrapez-la tout de suite sinon elle se détricotera et vous obtiendrez une **échelle**.

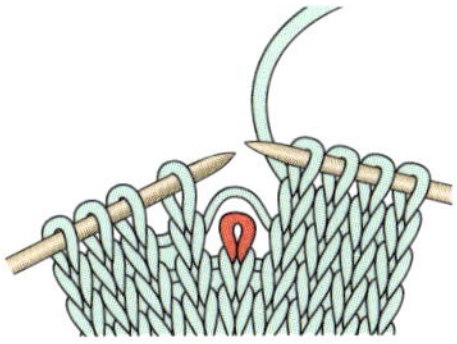

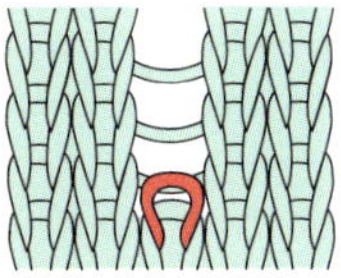

Cependant vous pouvez la rattraper facilement. Pour cela, il vous faut un **crochet**.

Sur du jersey

Vérifiez que **la maille est devant le fil** horizontal. Passez **le crochet par l'avant** dans la maille. Attrapez le fil.

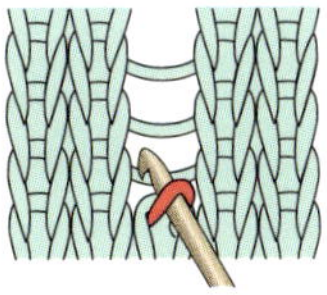

Tirez le crochet ensuite vers vous pour faire passer le fil dans la maille qui se trouve sur le crochet.

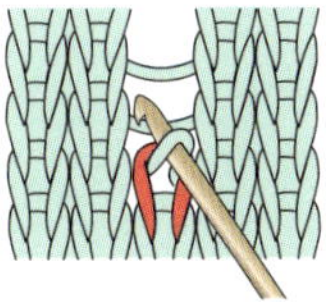

Recommencez toujours cette opération jusqu'au dernier rang.

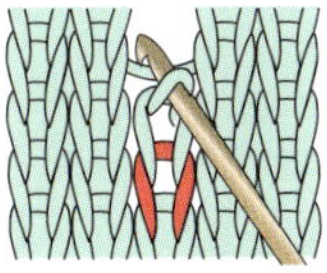

Pour finir, replacez la maille sur l'aiguille gauche pour la tricoter normalement.

Sur du point mousse

Quand la maille perdue se trouve entre 2 barres de point mousse, c'est une maille endroit.

Vérifiez que la maille est devant le fil et passez le crochet par l'avant dans la maille perdue. Attrapez le fil horizontal qui se trouve au-dessus, comme pour le jersey.

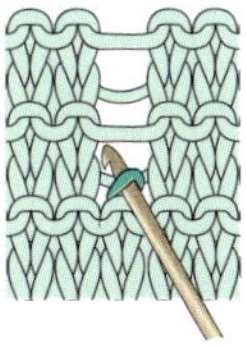

Quand la maille perdue se situe au niveau d'une barre de point mousse, c'est une maille envers.

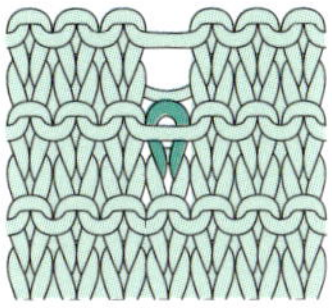

Vérifiez que la maille est derrière le fil horizontal. Passez le crochet par l'arrière dans la maille perdue. Attrapez le fil horizontal qui se trouve au-dessous et remontez le crochet en passant ce même fil dans la maille. Alternez ces 2 opérations jusqu'au dernier rang. Pour finir, replacez la maille sur l'aiguille gauche et tricotez normalement.

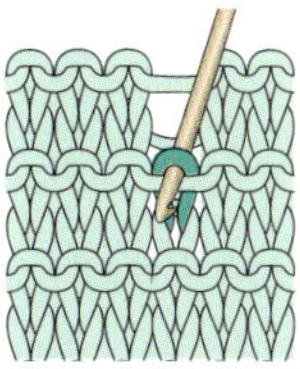

Sur des côtes

Attrapez les mailles endroit par-dessus ou les mailles envers par-dessous, comme expliqué précédemment, et continuez jusqu'au dernier rang.

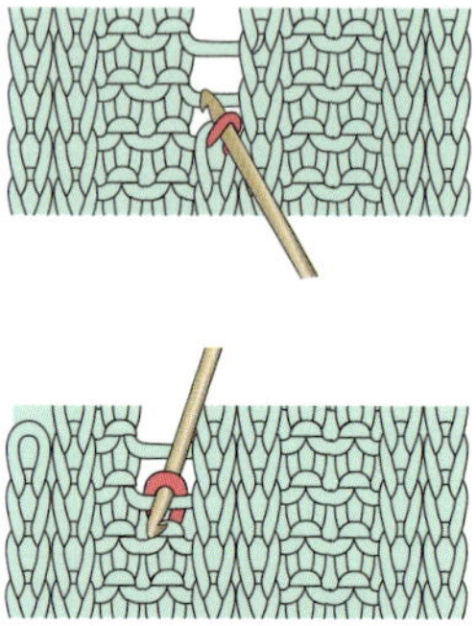

Sur du point de riz

Attrapez les mailles endroit par l'avant ou les mailles envers par l'arrière, et continuez en alternant, comme pour le point mousse.

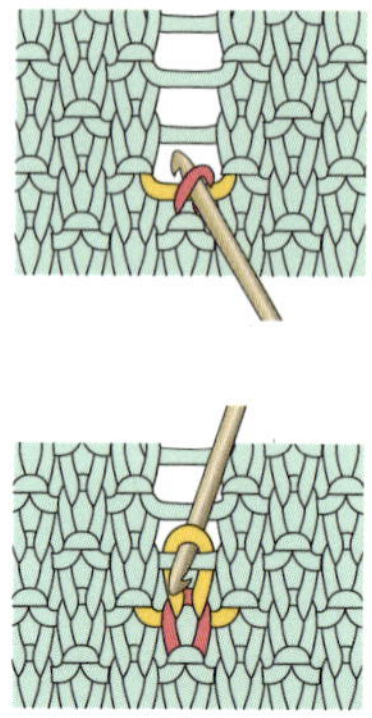

POUR RÉSUMER
Les mailles endroit sont devant le fil et rattrapées par l'avant. Les mailles envers sont derrière le fil et rattrapées par l'arrière.

Clémentine : *pour ne pas perdre mes mailles quand j'arrête de tricoter, je pique mes aiguilles dans des bouchons.*

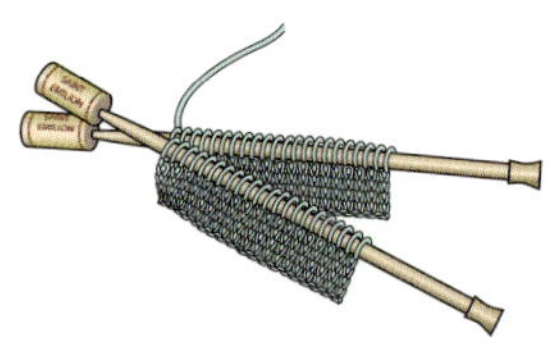

■ DÉFAUTS DANS LE TRICOT

Sophie : mon tricot est irrégulier par endroits, est-ce que je peux le rattraper ?

Voici quelques irrégularités auxquelles on peut remédier :

J'ai une maille trop lâche et ça fait un trou.

Vous n'avez pas assez serré votre tricot à un endroit et ça forme un trou.

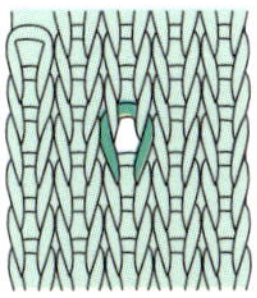

Sur l'arrière du tricot, tirez sur le haut de la maille. Vous avez une boucle. Tirez doucement pour trouver la suite du fil et tirez un peu sur les mailles autour pour supprimer la boucle.

ASTUCE ▶ Pour mettre en pause votre ouvrage, **terminez toujours le rang en cours.** Cela vous évite de retrouver le lendemain une maille toute distendue.

J'ai une maille en trop.

Peut-être que votre fil se dédouble et que vous avez tricoté deux mailles dans la même.

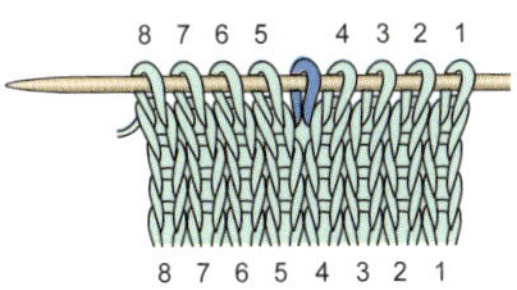

Détricotez jusqu'à la maille.

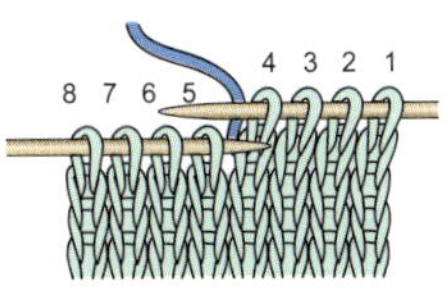

Refaites le rang en piquant bien dans chaque maille. Si cela perdure, changez de fil pour un fil rond et lisse pour bien voir les mailles.

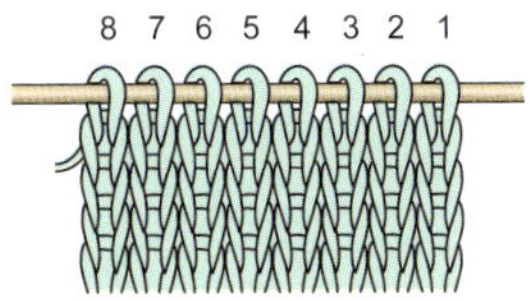

ASTUCE ▶ Comptez bien le nombre de mailles à la fin de chaque rang. Si vous avez fait une erreur, vous aurez moins à défaire !

Il manque une maille.

Peut-être avez-vous tricoté une maille dans deux mailles (vous avez fait une diminution sans le vouloir !).

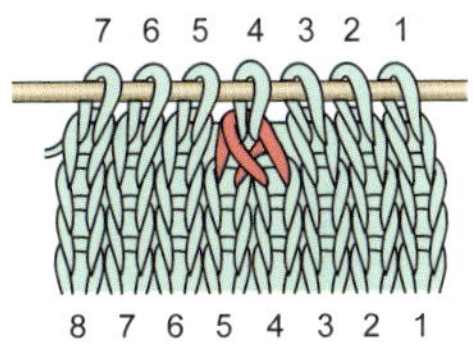

Détricotez jusqu'à retrouver les deux mailles que vous avez tricotées ensemble.

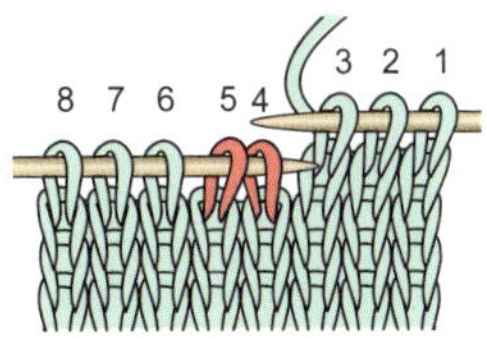

POUR RÉSUMER

Identifiez bien la nature des défauts, il est toujours possible de les rattraper.

■ DÉTRICOTER UNE MAILLE

Détricoter une maille endroit

1. Traversez celle du dessous de l'avant vers l'arrière avec l'aiguille de gauche.

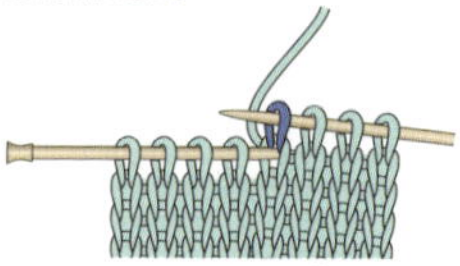

2. Enlevez la maille de l'aiguille droite.

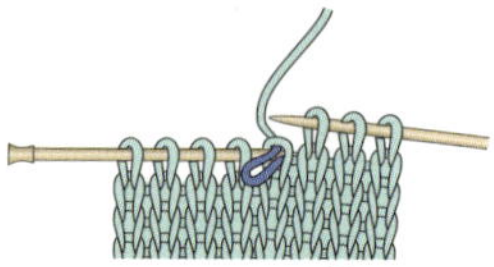

3. Tirez sur le fil.

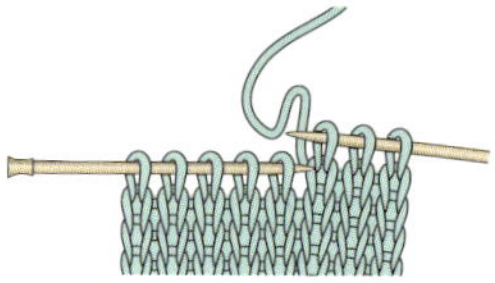

Détricoter une maille envers

C'est la même chose mais le fil est devant.
Pour détricoter plusieurs mailles, faites-les les unes après les autres.

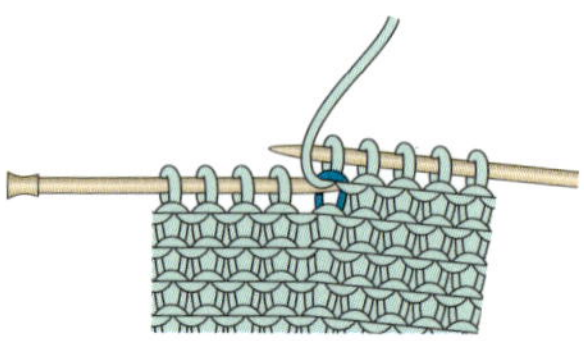

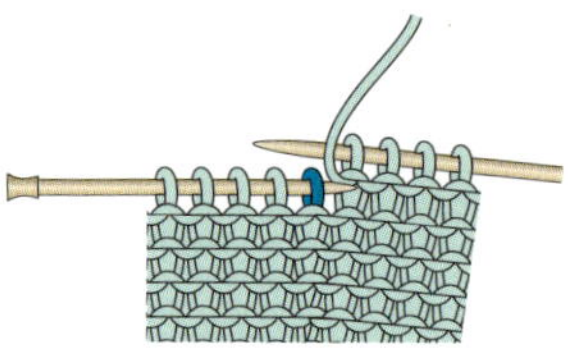

ASTUCE ▶ Utilisez **une aiguille plus fine** pour défaire en douceur les mailles déjà tricotées. Ce sera beaucoup plus facile !

■ DÉTRICOTER PLUSIEURS RANGS

Si vous avez un défaut plusieurs rangs dessous (en rouge sur les dessins), il va falloir détricoter tous les rangs pour refaire celui sur lequel est le défaut.
Vous pouvez enlever les aiguilles pour détricoter et remettre les mailles dessus ensuite, ce qui sera long et fastidieux.
Il existe une autre méthode, facile et magique !
Vous allez **sécuriser les mailles** du rang qui est juste sous le défaut, en glissant l'aiguille dedans, puis vous détricoterez jusque-là.

Sur du jersey

Tenez le tricot **endroit face à vous**.

1. Comptez le nombre de mailles sur l'aiguille. Repérez le nombre de rangs pour arriver au premier rang endroit sous le défaut.

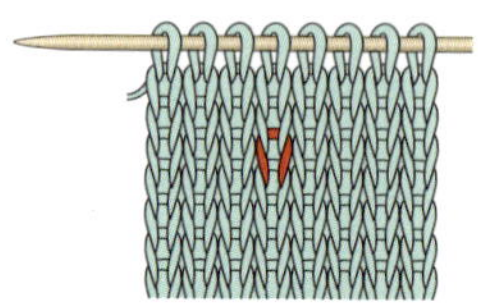

2. Glissez l'aiguille de **droite à gauche** dans le **brin droit** de chaque maille (c'est le brin droit de chaque V). Vérifiez que vous avez le même nombre de mailles sur les deux aiguilles.

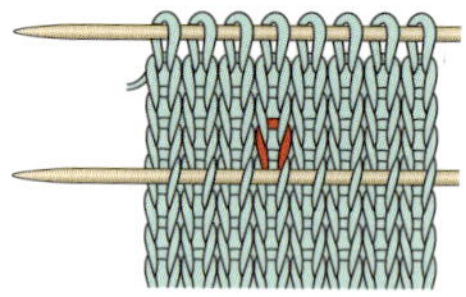

3. Enlevez l'aiguille du dessus et détricotez jusqu'à l'aiguille du dessous. Le défaut s'en va.

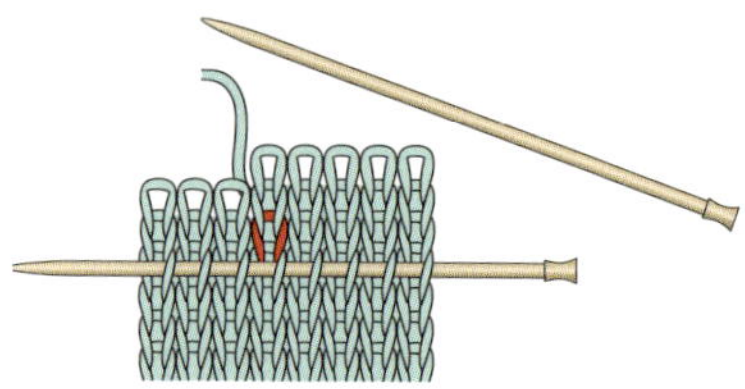

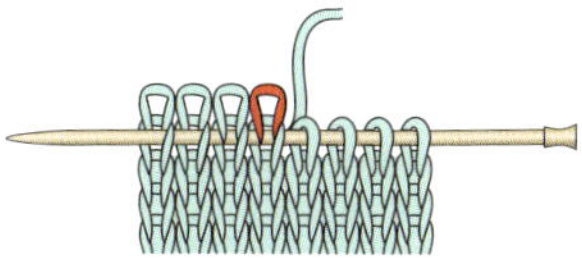

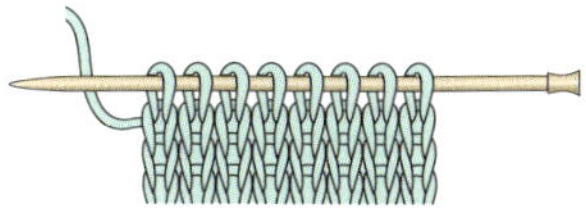

Il peut arriver que la première et la dernière maille ne soient pas dans le bon sens, retournez-les (voir page 44).
Si la pointe de l'aiguille n'est pas du côté du fil, remplacez-la par l'autre aiguille en la rentrant dans les mailles une par une.

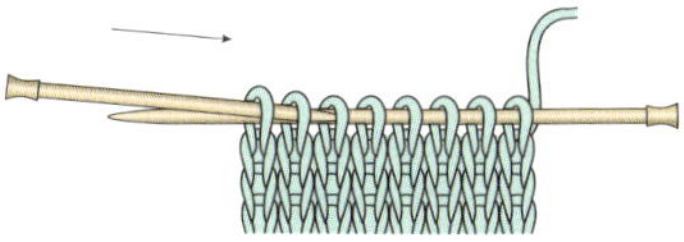

Sur du point mousse

Insérez l'aiguille dans chaque petit pont, de haut en bas.

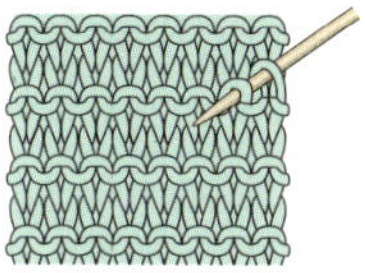

Sur des côtes

Passez l'aiguille alternativement dans un V et entre les petites vagues. L'opération est plus difficile car il faut rester sur un même rang.

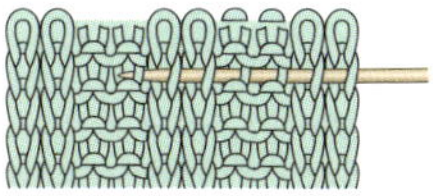

ASTUCE ▶ Là aussi, utilisez **une aiguille plus fine** pour la glisser dans les mailles !

Le fil de survie

Si vous avez par endroit des points compliqués, il sera difficile de glisser l'aiguille dans un même rang. Vous pouvez sécuriser des rangs en prévision : avec une aiguille à laine, **glissez un fil** dans les mailles qui sont sur l'aiguille à tricoter.

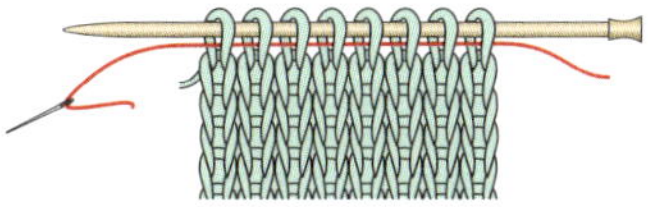

Quand vous détricoterez les rangs qui sont au-dessus, les mailles seront sur le fil.

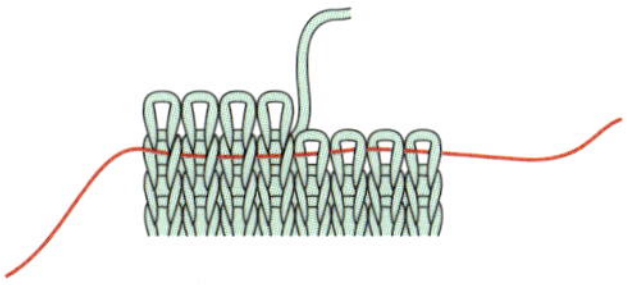

Delphine *: je mets un fil de survie tous les 10 ou 20 rangs en prévision d'avoir à défaire quelques rangs.*

POUR RÉSUMER

Sécurisez vos mailles avant de détricoter, avec l'aiguille ou un fil.

■ COUPER UN TRICOT

Votre tricot est trop grand ? Coupez-le ! Mais si vous ne voulez pas le voir se détricoter, suivez les instructions.
Les mailles forment des boucles qui s'emboîtent dans celles du dessous.
Si vous coupez horizontalement vous n'aurez qu'un seul fil qui se détricote. Si vous coupez verticalement vous aurez un bout de fil à chaque rang. Il faudra donc stabiliser le tricot.

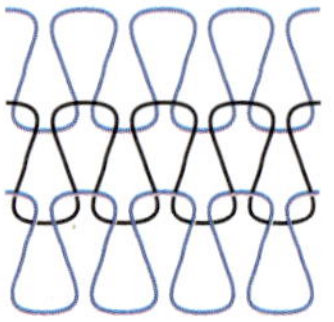

Pour couper horizontalement

Sur du jersey

1. Comme pour détricoter expliqué auparavant, sécurisez les mailles du rang sur lequel vous voulez être. En tenant le tricot à l'endroit (le premier rang est en bas), glissez une aiguille **de droite à gauche dans le brin droit de chaque V**. (Vérifiez que vous avez le même nombre de mailles que sur l'aiguille du dessus).

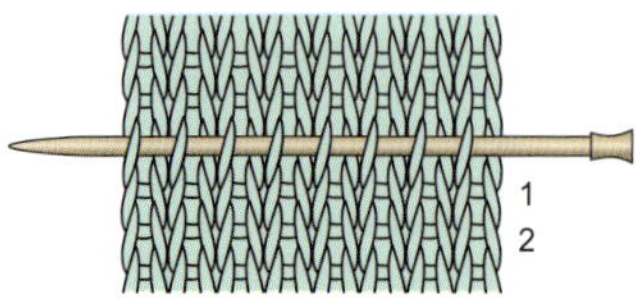

2. Coupez les mailles **deux rangs au-dessous**.

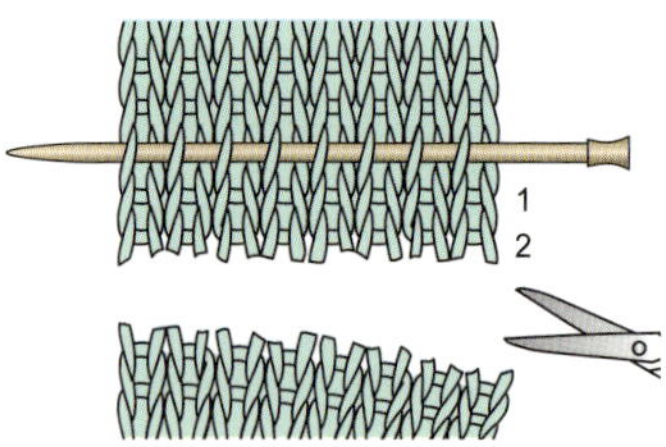

3. Enlevez les bouts de fil. Vous avez des boucles du rang précédent.

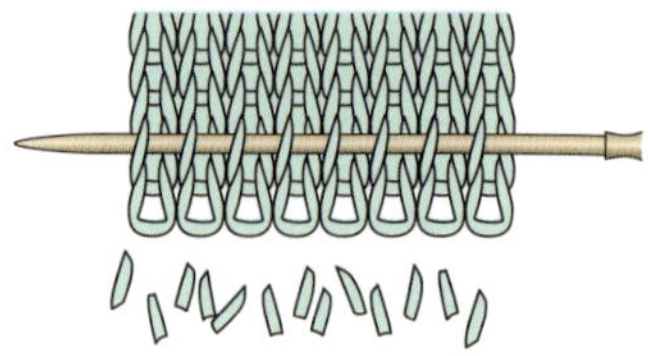

4. Sur l'envers, **attrapez un petit pont et tirez** : les boucles se défont.

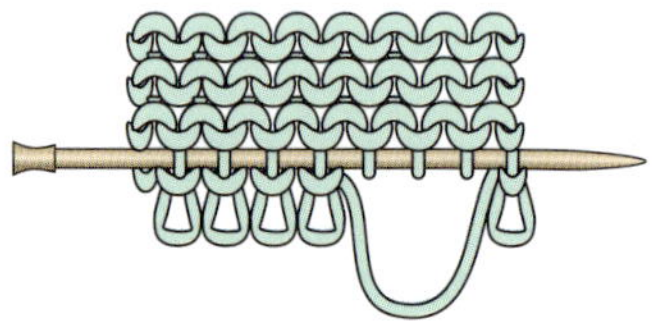

***Catherine** : je n'arrive pas à tirer le fil d'une seule traite. Il se bloque sur une maille.*

En glissant votre aiguille dans les mailles, vous avez changé de rang. C'est peut-être parce que le fil est fin et vous ne voyez pas bien les mailles.
Tricotez jusqu'à la maille qui bloque. Sortez de l'aiguille les mailles qui sont sur le rang de dessous et remettez l'aiguille dans les mailles du dessous.

5. Vous avez les mailles sécurisées sur l'aiguille.

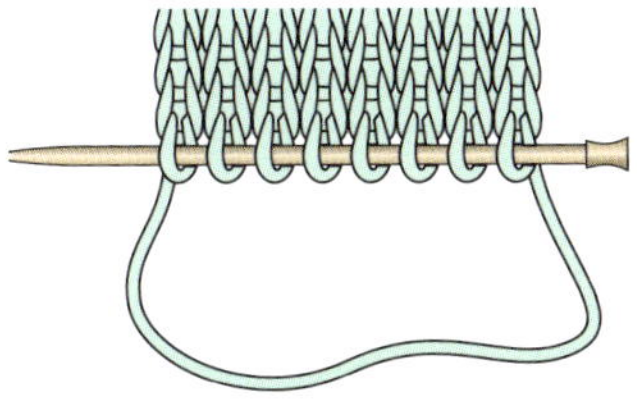

6. Retournez le tricot pour mettre les mailles en haut. Coupez le fil au milieu et tricotez avec le nouveau fil. Vous êtes toujours sur l'endroit. Faites ensuite des nœuds avec les fils coupés.

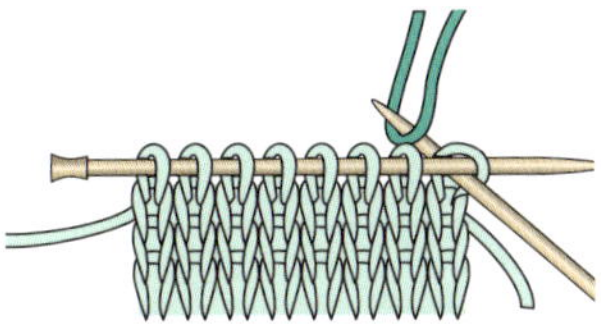

Sur du point mousse

C'est la même chose. Glissez l'aiguille dans un rang de mailles endroit, juste sous les petites vagues, ou dans le rang de petites vagues.
Coupez le rang de mailles endroit qui est dessous.

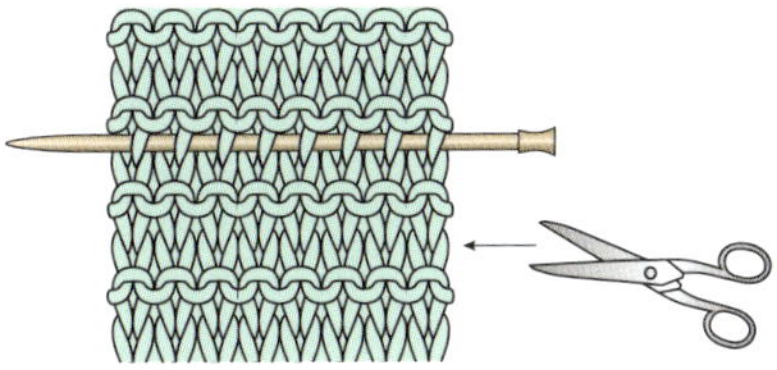

Sur des côtes

C'est un peu plus compliqué mais vous pouvez en avoir besoin pour couper un col roulé. Sur les mailles endroit, faites comme pour le jersey. Sur les mailles envers, glissez l'aiguille sous la barre verticale qui est à droite, au-dessus du petit pont.

ATTENTION ▶ Évitez de couper un tricot fin (dont la grosseur est inférieure à 4).

POUR RÉSUMER
Sécurisez toujours vos mailles avant de couper un tricot.

Chantal : ça m'angoisse de couper un tricot.

Faites un essai sur un échantillon de 10 mailles et 10 rangs que vous aurez tricoté avec un fil de grosseur approchante.

Pour couper verticalement

Pour stabiliser le tricot, faites une piqûre à la machine **au point zigzag** en suivant les mailles.

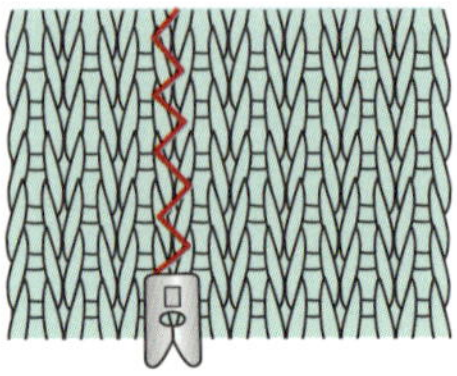

Coupez à deux mailles de la piqûre.

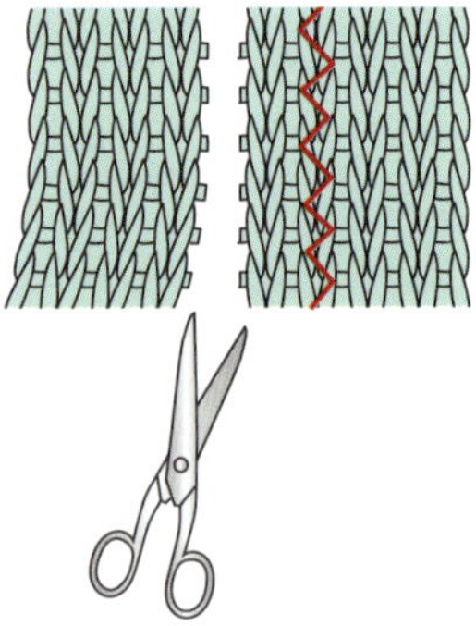

Vous avez des fils qui dépassent. Il faudra les cacher, ainsi que la piqûre, en faisant un ourlet ou en tricotant une bordure après avoir relevé les mailles.

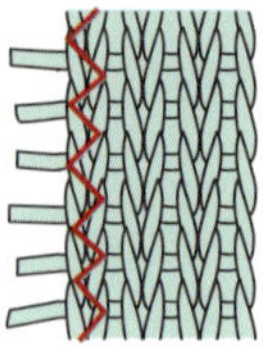

Si vous ne coupez pas près du bord, faites deux piqûres parallèles en laissant un espace de deux mailles entre les deux. Coupez entre les deux rangées de mailles. Vous ferez un ourlet de chaque côté ensuite.

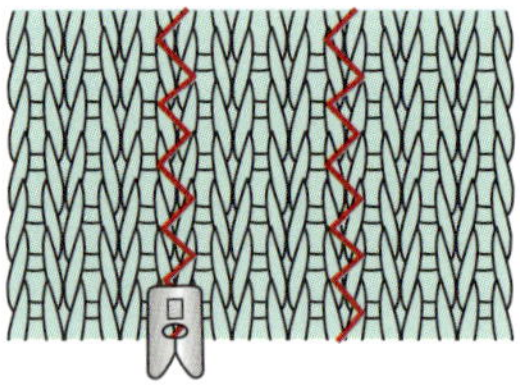

ASTUCE ▸ Faites un essai de couture à la machine sur un échantillon ou sur un vieux tricot.

POUR RÉSUMER

Les mailles se sécurisent verticalement par une couture.

6 LES FINITIONS

■ ASSEMBLAGE, COUTURES

Ça y est, le tricot est terminé ! Maintenant, il vous reste quelques finitions à faire.

De nombreux modèles sont constitués de plusieurs pièces, il faut les assembler avec une couture discrète.

On utilise une aiguille à laine et le fil qui a servi au tricot.

Tout d'abord **assemblez les pièces avec des épingles**.

Pour les vêtements, on commence d'abord par les épaules, les côtés du corps, puis les manches et les encolures (si besoin).

> *Catherine : je bâtis rapidement les pièces d'un pull au lieu de les épingler. C'est aussi rapide et on peut l'essayer.*
>
> Il existe plusieurs techniques de couture selon la nature des pièces à assembler.

La couture invisible

Elle est plus facile sur du jersey.

Elle se fait **sur l'endroit du tricot**. Placez les deux morceaux **côte à côte**, endroit au-dessus.

• Couture maille contre maille

Elle sert à fermer les manches et à coudre les côtés d'un pull. Il faut avoir le même nombre de mailles de chaque côté.

Passez **sous le fil horizontal** qui relie la 1re et la 2e maille à droite puis sous le fil horizontal qui relie la 1re et la 2e maille à gauche.

Continuez de cette façon, à chaque rang, en faisant des points lâches pendant 3 à 4 cm. Tirez doucement sur le fil pour resserrer les points et rapprochez les bords. Les mailles du bord sont cachées et la couture est invisible !

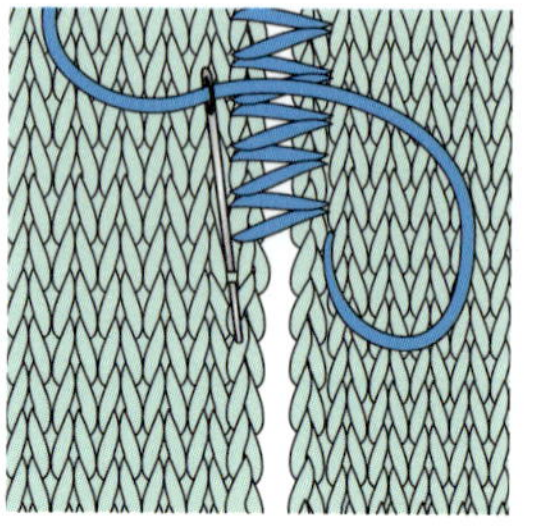

ASTUCE ▶ Si les mailles du bord sont très irrégulières, faites la couture entre les 2e et 3e mailles.

• Couture maille contre rang

Elle sert à coudre les tricots qui n'ont pas le même sens. C'est le même principe mais vous passez le fil sous les fils du rang d'un côté, et sous les fils des mailles de l'autre côté. Pour équilibrer la différence de nombre de mailles et de rangs, passez de temps en temps sous **deux fils** de rangs.

Catherine : je n'aime pas faire les coutures, elles ne sont pas belles.

Si vous êtes à l'aise en tricot, choisissez des fils poilus ou irréguliers : on voit moins les coutures.

À SAVOIR : **LE GRAFTING**

Le grafting permet de joindre de façon souple et invisible les morceaux à assembler, s'ils ont exactement **le même nombre de mailles**. Cette technique consiste à faire passer le fil dans la maille qui lui correspond, puis à revenir de l'autre côté dans un va-et-vient entre les deux morceaux, pour **reconstituer un nouveau rang de mailles**.

Le point arrière

On l'utilise pour coudre des mailles sur des rangs ou des morceaux n'ayant pas le même nombre de mailles (col, manches), ou bien pour assembler du point mousse.
Elle se fait **sur l'envers du tricot**. Posez les deux pièces à assembler **l'une sur l'autre, endroit contre endroit**.
À une maille du bord, piquez l'aiguille sous le tricot pour la faire ressortir au-dessus dans la 2e maille.
Repiquez dans la 1re et en passant sous le tricot et ressortez dans la 3e. Repiquez dans la 2e, ressortez dans la 4e et ainsi de suite, jusqu'au bout du rang.

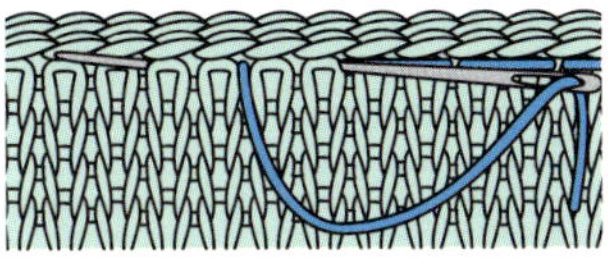

Les mailles étant plus longues que les rangs, il faut faire de temps en temps un point qui mesure deux rangs et une maille.

Le point avant

Piquez l'aiguille en avant d'une maille et sortez-la une maille plus loin. Cette technique est très rapide mais pas assez solide pour un assemblage. On l'utilise pour bâtir ou faire des fronces. (Pour bâtir, utilisez un fil de couleur très différente pour l'enlever ensuite).

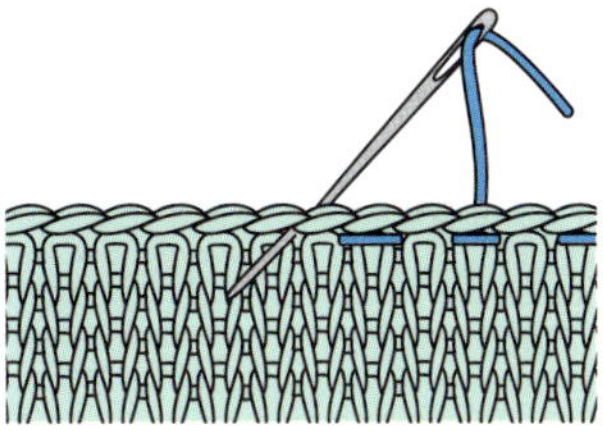

POUR RÉSUMER

Une fois que vous maîtrisez la couture invisible, utilisez-la le plus souvent possible. Comme vous cousez sur l'endroit, vous voyez ce que vous faites.

■ DÉCOUDRE

Comment trouver le fil qui a servi à coudre

Le plus difficile est de couper le bon fil ! Si vous vous trompez, vous détricoterez le pull.
Vérifiez que les pièces sont cousues et non tricotées en rond. Vous devez voir les mailles des bords repliées qui forment un relief sur l'envers du tricot.

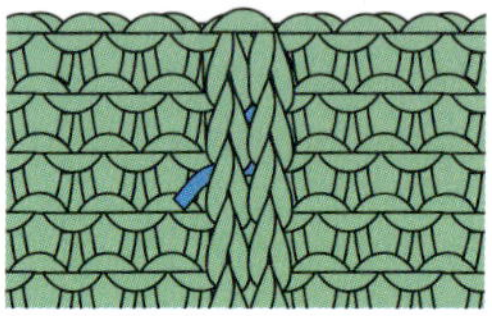

Méthode 1 : cherchez la fin du fil. Si vous la trouvez, tirez dessus pour le voir bouger et tirez le fil un peu plus loin. Défaites-le petit à petit en écartant les mailles.

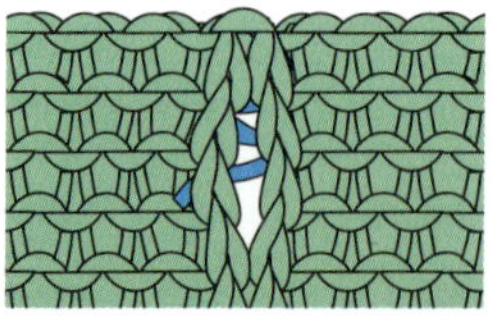

Attention ▶ il peut y avoir un autre fil : celui de la fin du tricot.

Méthode 2 : à la fin de la couture, il y a parfois plusieurs points les uns sur les autres, ils sont parfois sur le dessus des mailles.

■ LES FERMETURES

Il existe différentes façons de fermer des vestes en tricot : boutons, agrafes, fermeture à glissière. Tous ces accessoires donneront aussi une touche personnelle.

Coudre un bouton

Le bouton ne doit pas coller au tricot ni pendre au bout du fil.
Prenez une aiguille à broder adaptée au bouton, et la laine qui a servi à tricoter.
Coupez un carré de feutrine de quelques centimètres et placez-le sur l'envers, à l'endroit du bouton. Cousez le bouton et la feutrine en même temps.

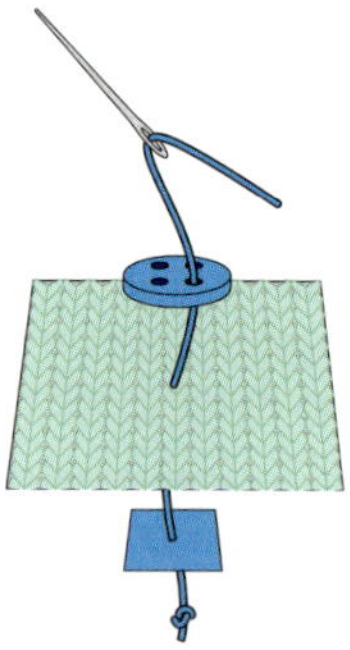

Pour que le bouton ne colle pas au tricot, insérez une allumette ou une grosse aiguille. Une fois celle-ci retirée, la couture sera à la bonne longueur.

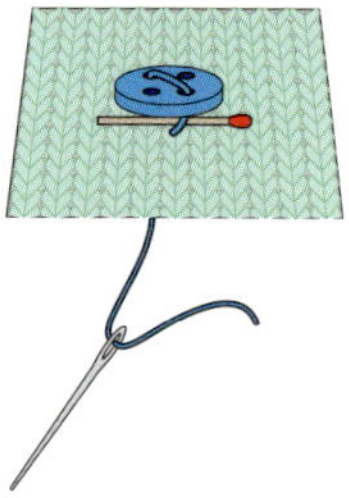

Faites quelques tours autour des fils pour garder la hauteur.

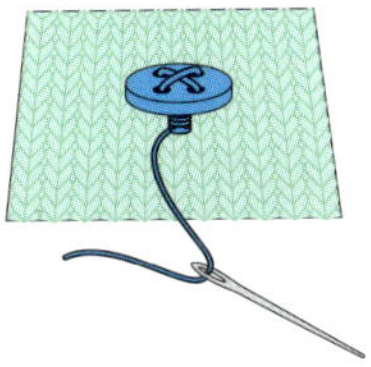

ASTUCE ▶ Vous pouvez remplacer le carré de feutrine par un bouton assorti plus petit. Assurez-vous que l'aiguille passe dans les trous ou choisissez un fil plus fin !

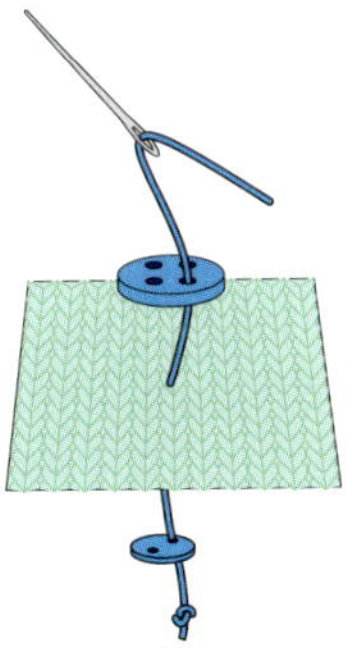

Pour coudre un bouton à pied, mettez aussi un carré de feutrine sous le tricot.

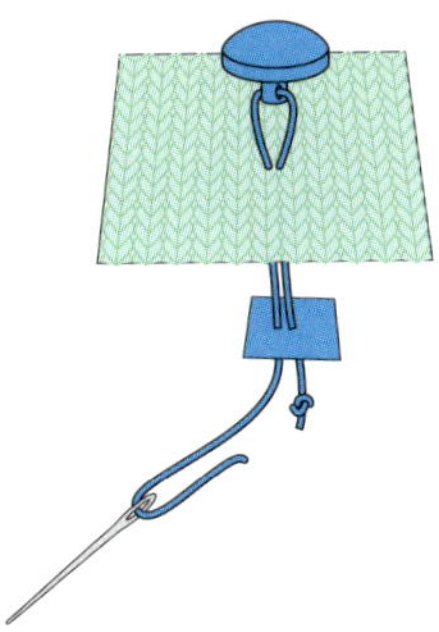

Faire une boutonnière

• La boutonnière « trou »

La boutonnière « trou », autrement dit « la boutonnière faite en écartant les mailles », c'est **la technique la plus simple**. Généralement d'ailleurs, on l'utilise pour les modèles tricot layette pour tout-petits.

Elle se fait après tricotage.

Formez un trou en écartant les mailles avec votre doigt à l'emplacement de la boutonnière.

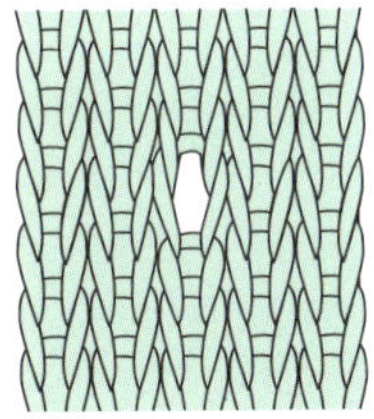

Avec l'aiguille à laine et 20 cm de laine, maintenez ses bords en brodant quelques points. Réalisez la même opération avec les 2 fils en dessous de votre doigt.

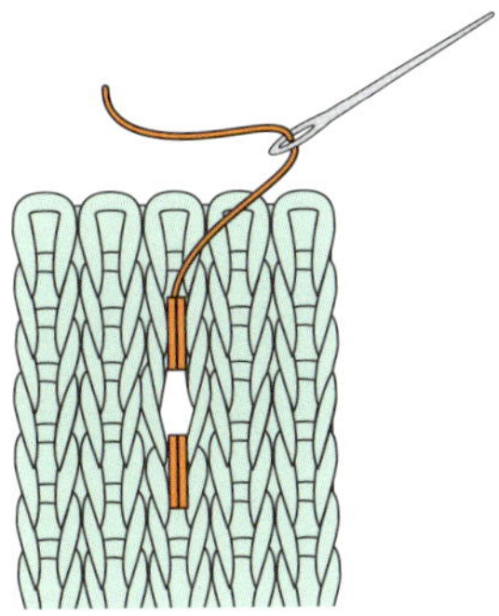

• La boutonnière verticale

Elle se fait pendant le tricotage.

Tricotez les mailles jusqu'à l'emplacement de la boutonnière.
Laissez les mailles de gauche en attente et tricotez les mailles de droite sur un nombre de rangs correspondant au diamètre du bouton.
Laissez les mailles de droite en attente, reprenez avec l'aiguille les mailles de gauche et tricotez le même nombre de rangs que sur celles de droite.
Continuez le tricot en réunissant toutes les mailles.

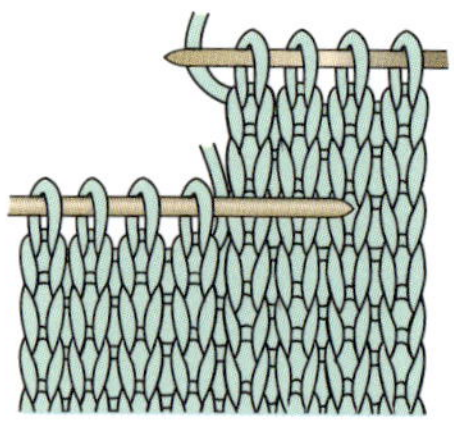

ASTUCE ▸ Pour laisser les mailles en attente, remplacez l'aiguille gauche par une aiguille auxiliaire et utilisez-la pour tricoter la partie droite.

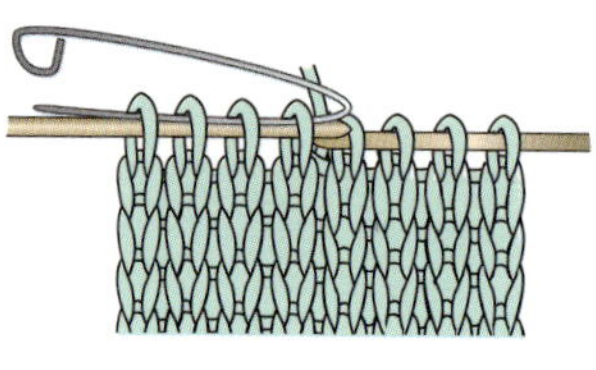

Faire une bride

Elle se fait à l'aiguille, avec la même laine que le tricot.
Enfilez une aiguille et piquez-la dans la bordure.
Lancez 2 fils (ou 3) à l'emplacement de la boutonnière sur une longueur légèrement supérieure au diamètre du bouton.

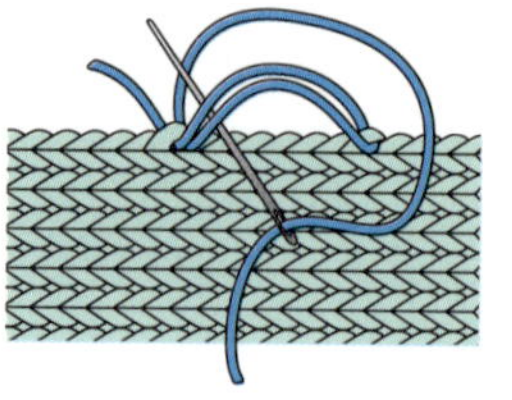

Puis brodez serré sur ces 2 fils (ou 3, donc) au point de feston (voir page 67).
Rentrez les fils sur l'envers du tricot.

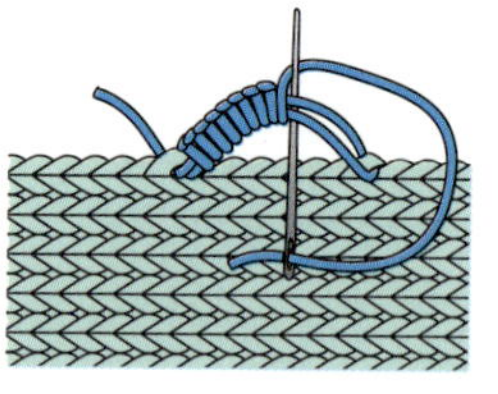

ASTUCE ▸ Vous n'avez pas fait de boutonnière ? Cousez une bride au bord du tricot avec un ruban fin ou un cordon plié en deux.

À SAVOIR

Il existe des bandes de galon avec des pressions cousues dessus. Utilisez-les pour des gilets, la bordure sera renforcée.

Coudre une pression

Choisissez des boutons pression suffisamment gros pour ne pas s'enfoncer dans le tricot. Prenez du fil à coudre. Cousez la partie mâle sur l'envers et la partie femelle sur l'endroit, après avoir vérifié qu'elles sont bien placées.

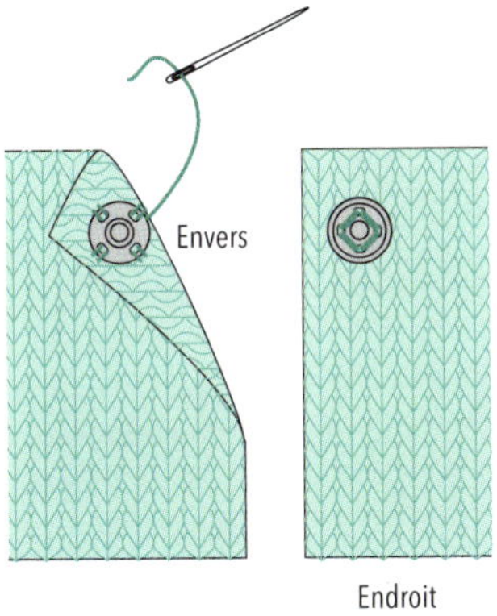

ASTUCE ▶ Fixez un pompon sur un bonnet par une pression, il sera amovible !

Coudre des agrafes

Les agrafes se cousent face à face sur l'envers, la partie avec boucle dépassant un peu.

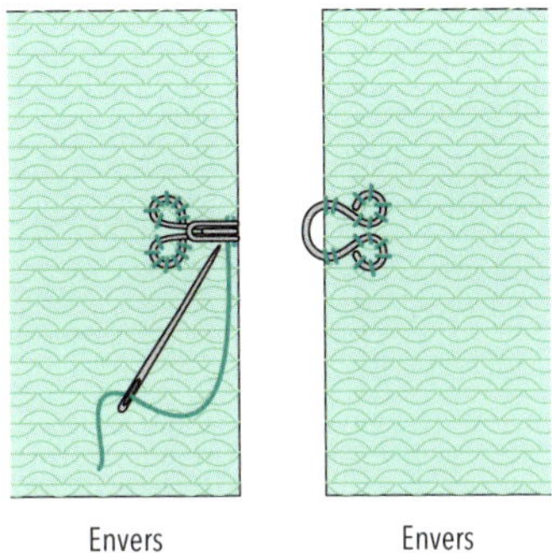

Coudre une fermeture à glissière

1. Sur l'endroit, assemblez les deux pièces bord à bord par un point rapide avec un fil d'une autre couleur.

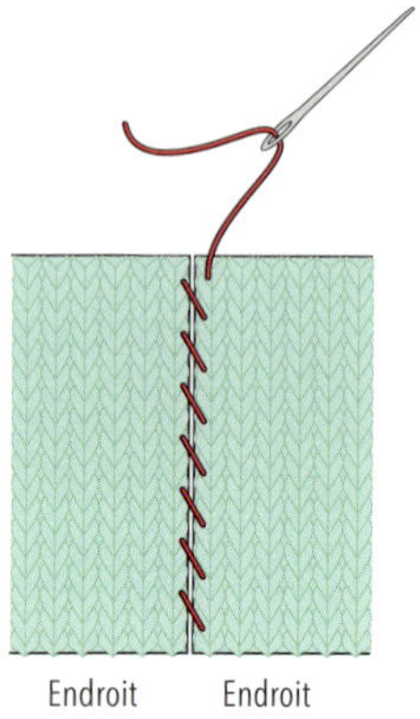

2. Sur l'envers, épinglez la fermeture à glissière fermée.

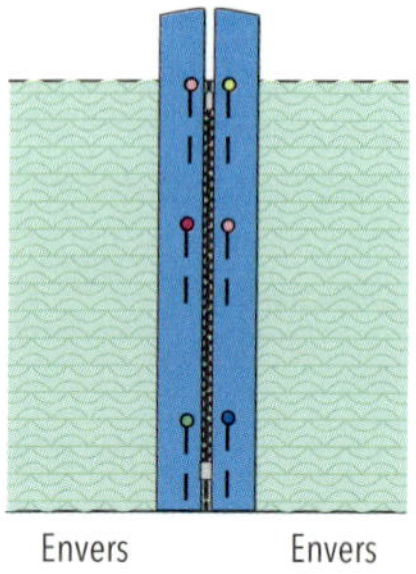

3. Bâtissez avec un fil d'une troisième couleur, tout près du curseur de la fermeture.

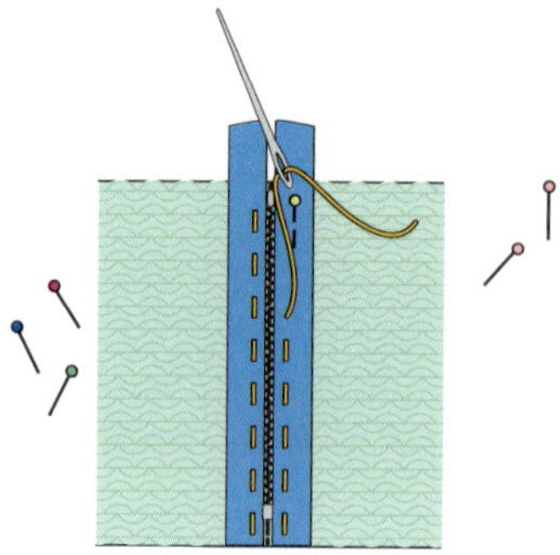

4. Vérifiez qu'elle se ferme facilement et qu'elle ne gondole pas. Si le tricot plisse, c'est qu'il n'est pas assez étiré. Si la fermeture gondole, c'est que vous avez trop tiré sur le tricot.

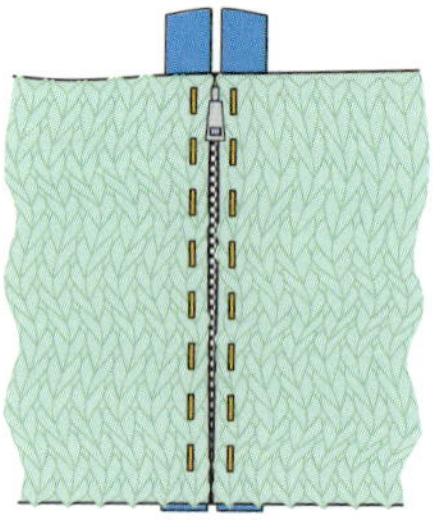

5. Sur l'endroit, enlevez le point rapide.

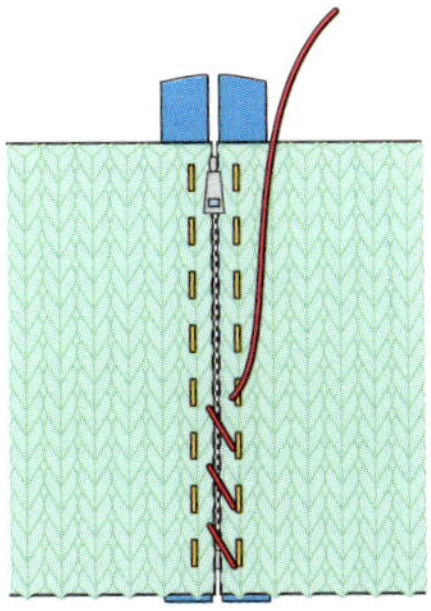

6. Ouvrez la fermeture et cousez les deux parties au point arrière, avec du fil à coudre de la même couleur, et une aiguille fine car le tissu est difficile à traverser. Cousez au milieu du ruban et faites plusieurs points à chaque extrémité. Coupez les extrémités des rubans qui dépassent.

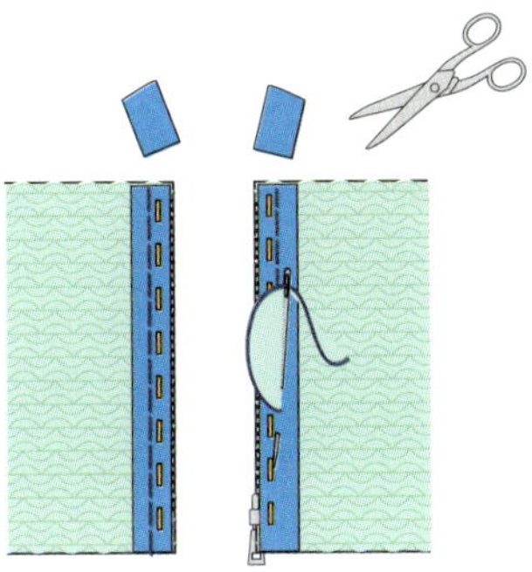

7. Fermez la fermeture pour vérifier qu'elle n'accroche pas par endroit. Si elle accroche, c'est qu'elle est cousue trop près du curseur.
Cousez les bords des rubans au point d'ourlet.

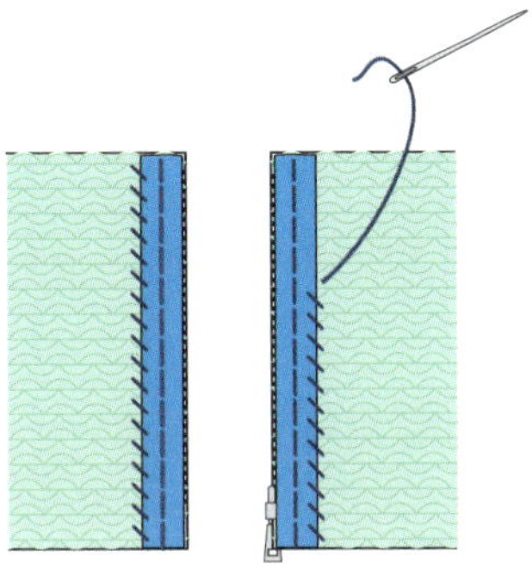

ASTUCE

Il existe des fermetures spécial tricot, qui présentent une ligne près du curseur tissée moins serrée et où une aiguille à laine peut passer très facilement. Dans ce cas, prenez le même fil que le tricot.

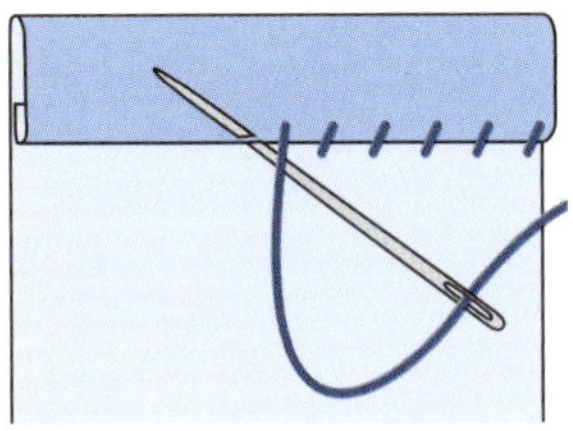

Point ourlet

■ L'ENTRETIEN DU TRICOT

Prenez soin de vos tricots, vous les garderez longtemps !

Lavage

Les consignes de lavage sont indiquées sur l'étiquette qui entoure les pelotes. En général, les tricots sont lavables à la machine, au cycle délicat.

ASTUCE ▶ Glissez le tricot dans un sac à lingerie pour le protéger.

Flore : je n'ai plus l'étiquette et je ne sais pas comment laver mon pull.

Dans le doute, lavez à froid et essorez à 800 tours.

ASTUCE ▶ Gardez les étiquettes des pelotes que vous avez utilisées et inscrivez dessus quel tricot vous avez réalisé !

Séchage

Ne mettez jamais vos tricots dans le sèche-linge.
Ne les essorez pas non plus.
Étendez le tricot sur une grande serviette et roulez celle-ci doucement en pressant pour enlever l'excédent d'eau.

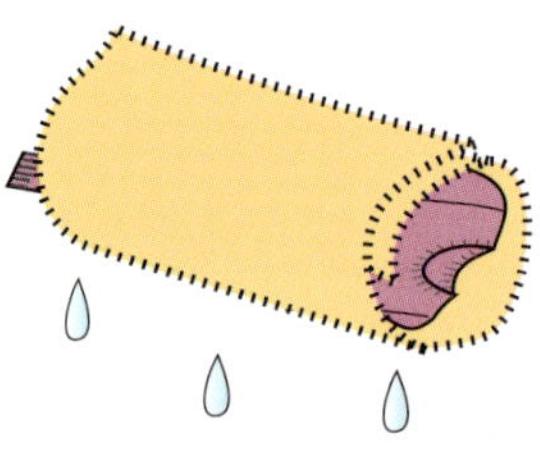

Ensuite faites-le sécher à plat sur une autre serviette, à l'abri du soleil et de la chaleur.

Ne le suspendez pas, il risque de se déformer.

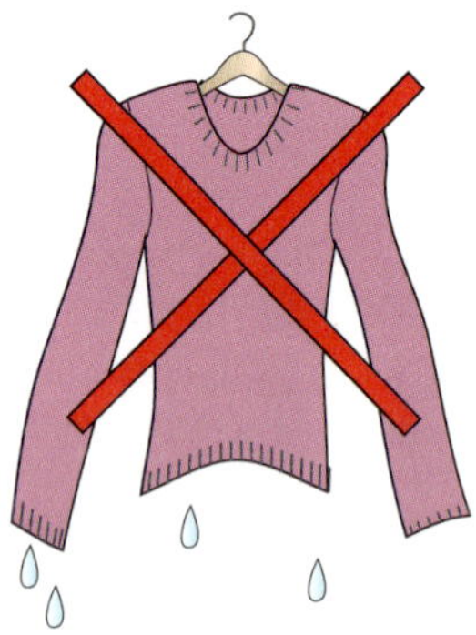

Laurent : mon pull bouloche. Comment enlever tous ces fils ?

De manière générale, les bouloches s'attaquent surtout aux tricots réalisés en acrylique. Pour les supprimer, ne tirez pas dessus, **coupez-les à l'aide de petits ciseaux pointus**. Il existe même des rasoirs à bouloches vendus en mercerie.

Repassage

Le repassage n'est pas indispensable. Repassez vos tricots seulement s'ils sont froissés.
Mettez votre tricot bien à plat sur la planche à repasser.
Humidifiez un torchon en le passant sous le robinet et en l'essorant (c'est **la pattemouille**).
Posez-le sur le tricot et posez le fer chaud dessus. Ne faites pas de mouvement de va-et-vient avec le fer mais posez-le quelques secondes aux différents endroits de tricot.
Si votre fer produit de la vapeur, vous pouvez vous passer de pattemouille. Dans ce cas, ne posez pas le fer sur le tricot mais laissez-le à quelques centimètres au-dessus.

ASTUCE ▶ Repassez les différentes pièces de votre tricot avant de les assemblez. Épinglez-les sur la table à repasser car elles s'enroulent.

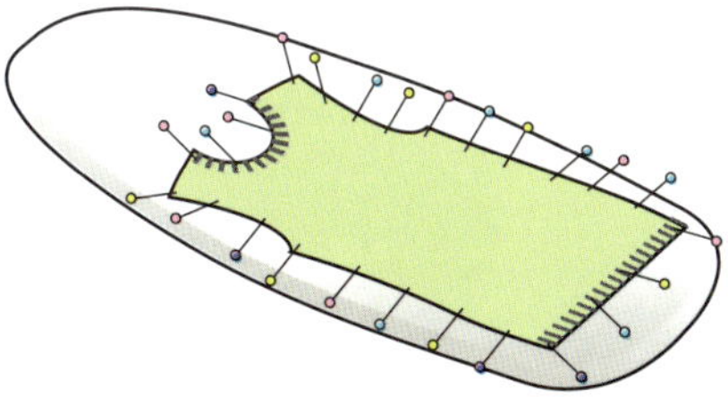

Rangement

Il est préférable de plier ses tricots pour les ranger au lieu de les suspendre, afin qu'ils conservent leur forme plus longtemps.

TRICOTER POUR UN BÉBÉ

L'arrivée d'un bébé dans votre entourage vous donnera une bonne occasion de faire un cadeau unique et personnalisé : bonnet, chaussons, brassière ou petit plaid.
Mais attention de respecter **quelques règles de sécurité** :
Choisissez des laines douces, fines, légères, et faciles à laver.
Évitez les fils pelucheux que Bébé pourrait avaler.
Évitez les longs pompons, franges et fils qui dépassent et dans lesquels un bras ou un pied pourraient s'enrouler.
Évitez les boutons, pressions, etc., qu'il pourrait avaler aussi ou sinon cousez-les bien.
Si vous tricotez un doudou, évitez les boutons pour faire les yeux. Il vaut mieux les broder.

■ LES POMPONS ET LES FLOCHES

Il est temps maintenant de décorer votre tricot à l'aide de pompons et franges.
Il existe deux sortes de pompons : **les pompons ronds et les floches**.

Les pompons

Découpez un cercle en carton rigide et évidez l'intérieur.
1. Astuce : pour tracer un cercle bien rond, aidez-vous d'un objet : verre, bouchon de bouteille, couvercle de confiture… Faites une fente aux ciseaux.

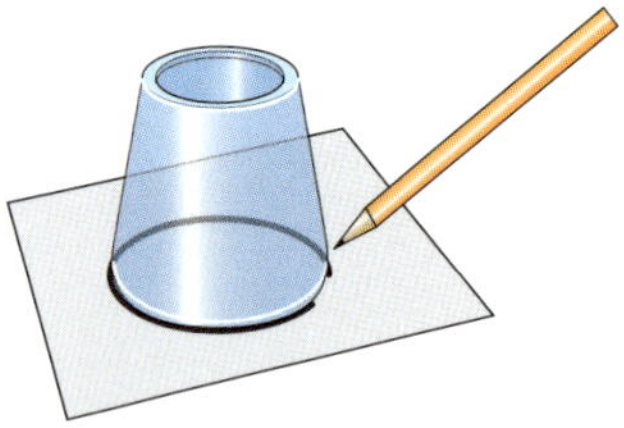

2. Faites un deuxième cercle identique.

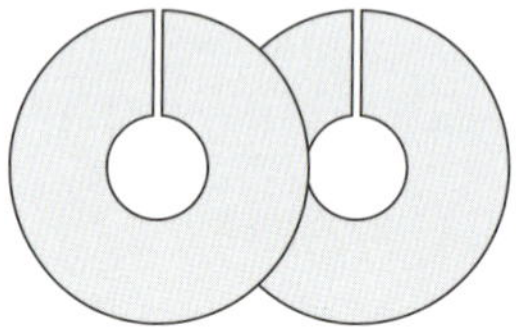

3. Enroulez la laine autour du carton jusqu'à ce que le centre soit rempli.

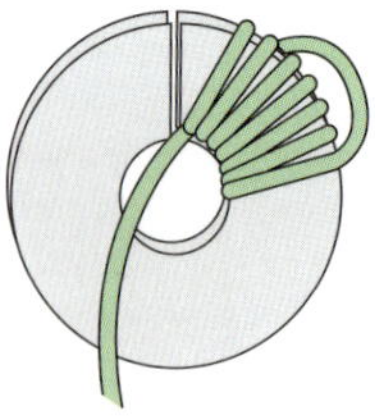

4. Glissez la pointe des ciseaux entre les deux cercles et coupez les fils.

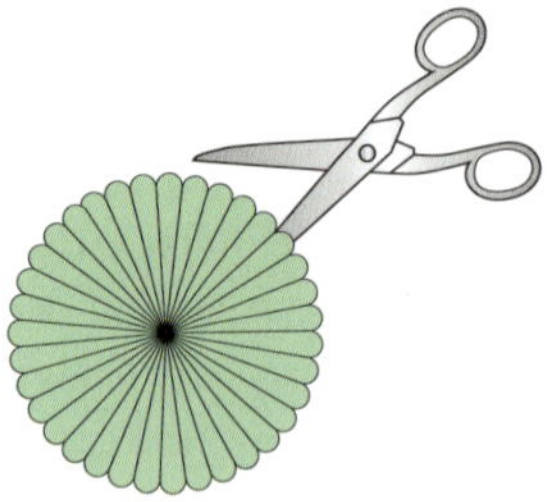

5. Écartez les cercles et entourez le centre avec un fil de 30 cm. Faites un nœud bien serré. Faites un autre double nœud de l'autre côté.

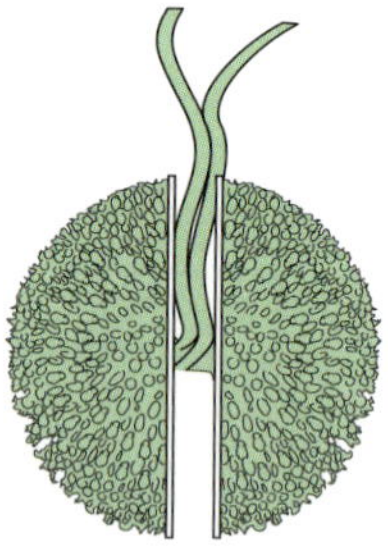

Enlevez les cartons et égalisez les fils sans couper les fils qui ont servi à faire les nœuds : ils serviront à coudre le pompon.

À SAVOIR ▶ Il existe des formes à pompons en plastique, très pratiques et réutilisables à l'infini !

Les floches

1. Découpez un **carton rigide** un peu plus grand que la hauteur souhaitée. Placez **un fil de 30 cm** sur le dessus. Enroulez **20 à 30 fois** la laine autour du carton.

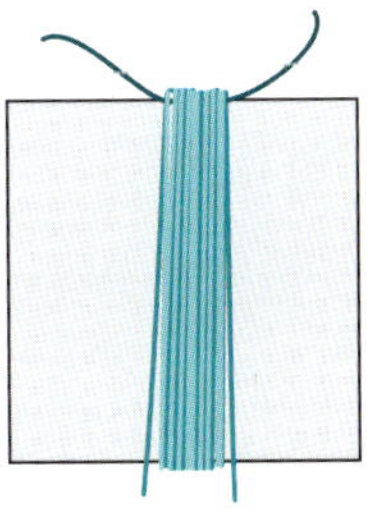

2. Faites un double nœud avec le fil de 30 cm. Ne le coupez pas, il servira à coudre. Coupez les fils en bas du carton.

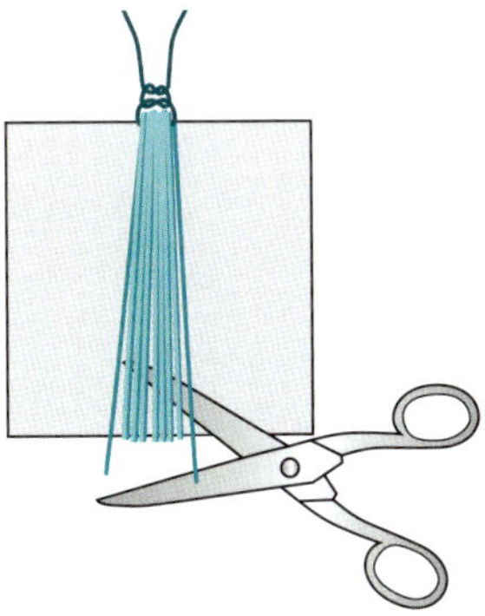

3. Enroulez un autre fil de 30 cm autour des brins en serrant bien fort. Faites un double nœud et cachez les fils dans les brins. Égalisez.

ATTENTION ▶ N'utilisez pas un fil que vous avez détricoté pour faire une floche, il sera tout frisé !

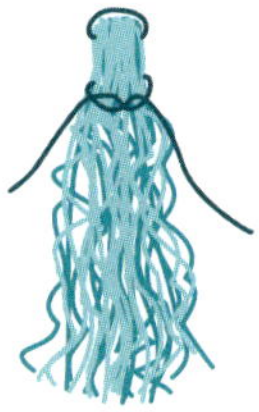

ASTUCE

À défaut de carton vous pouvez utiliser un objet pour enrouler le fil : un livre de poche (11 x 18 cm), une carte de crédit (5,5 x 8,5 cm), ou simplement 3 ou 4 doigts (5 à 8 cm).

■ LES FRANGES

Il vous faut un crochet. Si vous n'en avez pas, un trombone peut faire l'affaire.
Prenez **quelques brins de 15 cm** et pliez-les en deux.
Sur l'envers du tricot, piquez le crochet dans le premier rang du bas. Attrapez les brins et faites-les passer par la maille.

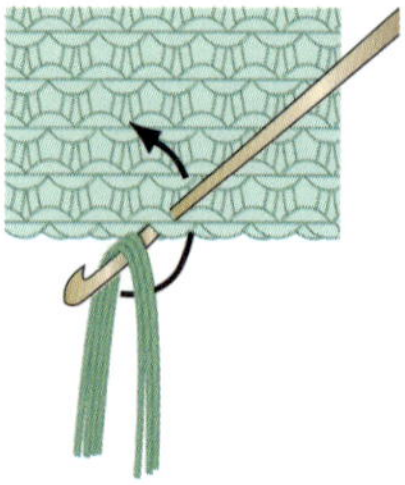

Faites passer l'extrémité des brins dans la boucle ainsi formée et tirez. Égalisez.

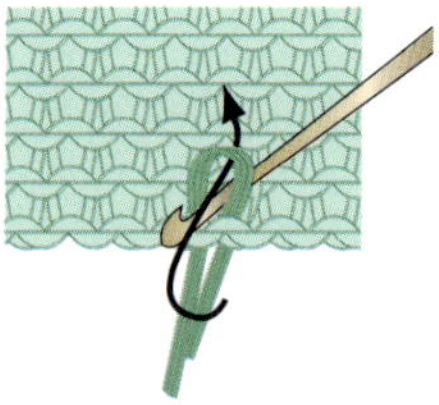

Vous pouvez faire des franges fines de 2 ou 3 fils, espacées de 2 ou 3 mailles, ou des paquets de 5 ou 6 fils espacés de 5 ou 6 mailles.

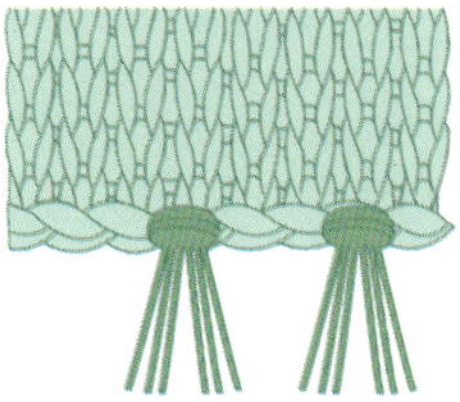

ASTUCE

Des franges peuvent aider à camoufler une bordure d'écharpe un peu irrégulière !

■ FAIRE UNE CORDELIÈRE

Une cordelière peut être utile pour faire une anse de sac, par exemple.
Coupez plusieurs brins de fil d'une longueur égale à quatre fois la longueur désirée.
Pliez ces brins en deux et nouez les extrémités ensemble.

1. Accrochez le côté noué à un point fixe (comme une poignée de porte).

2. Glissez une aiguille à l'autre extrémité et tordez très serré en faisant tourner votre aiguille.

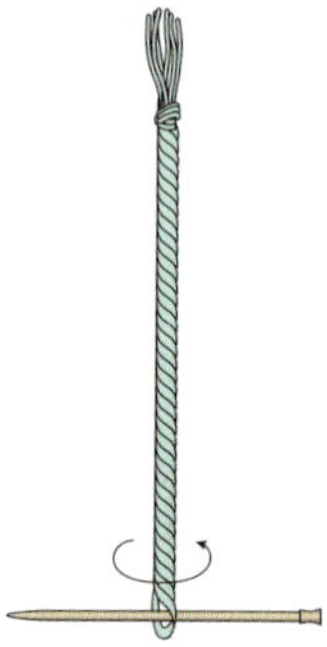

3. Pliez cette corde tordue en deux en la tendant très fortement.

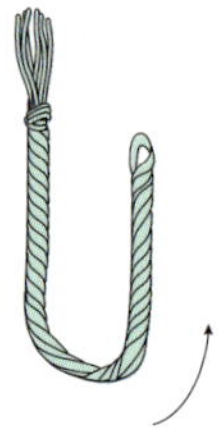

4. Faites un nœud, détachez l'extrémité et laissez la cordelière se tordre sur elle-même.

■ LA BRODERIE

N'hésitez pas à broder des motifs sur vos tricots pour les rendre uniques ! Vous pourrez créer l'illusion de faux jacquards.

Il vous faut une aiguille à laine :
c'est une aiguille avec un grand chas pour passer la laine et à bout arrondi pour se frayer un passage entre les mailles.
Prenez un fil de 50 cm de la même grosseur que celui utilisé pour le tricot. Enfilez-le sur l'aiguille et faites un gros nœud à l'extrémité. Commencez en piquant l'aiguille sur l'envers du tricot.

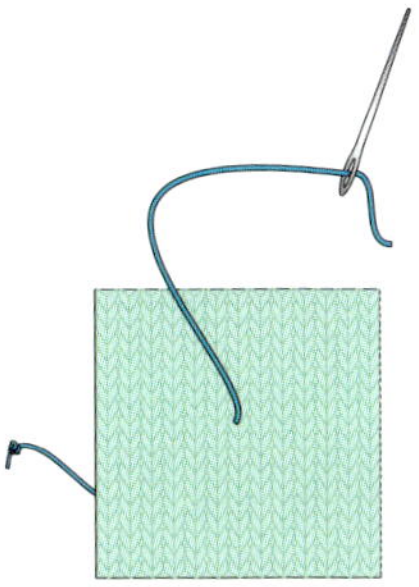

Le point avant

Le point avant ressemble à une surpiqûre. Vous pouvez jouer sur la longueur des points et celle des espaces.

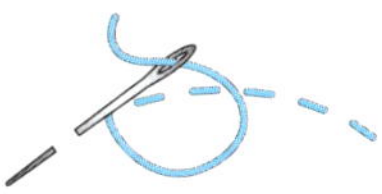

Le point lancé

Les points lancés permettent de broder des « traits » de la longueur que vous voulez. Plus les mailles de votre tricot sont grosses, plus ce sera imprécis.
Pour faire le premier « trait », piquez l'aiguille sur l'envers du tricot au début du dessin. Sortez le fil sur l'endroit sans trop tirer. Piquez l'aiguille à l'autre bout du « trait » et sortez le fil sur l'envers.
Avec le même fil, recommencez pour faire le trait suivant. Quand il reste 10 cm de fil, sur l'envers faites un double nœud avec les deux extrémités de fil.

Si votre motif n'est pas terminé, recommencez avec un nouveau fil.

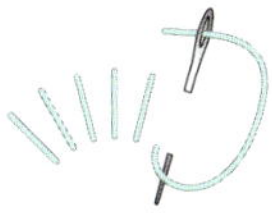

De cette manière vous pouvez dessiner des motifs précis, comme des étoiles.

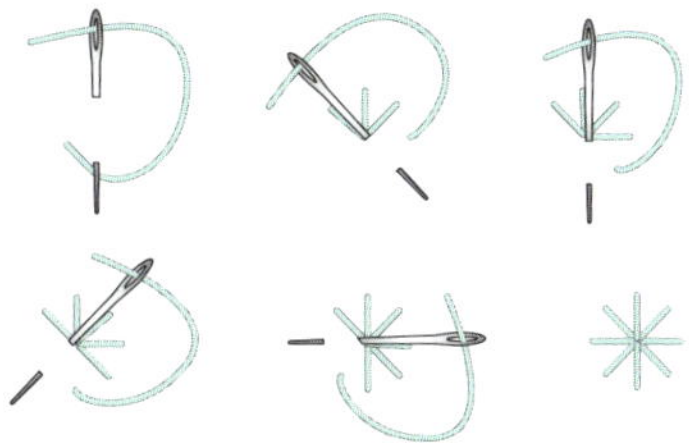

Si des points lancés sont serrés les uns contre les autres, vous pouvez remplir une forme (c'est le passé plat).

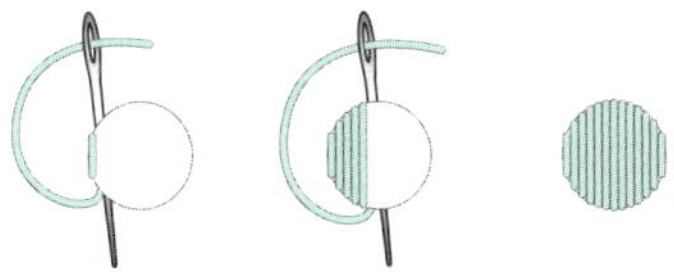

Le point de feston

Il est utilisé pour des bordures ou pour faire une boutonnière. Le point de feston se brode de gauche à droite comme sur le schéma.
Piquez l'aiguille en A, puis ressortez-la en B. Ramenez le fil sous la pointe de l'aiguille et tirez-la.

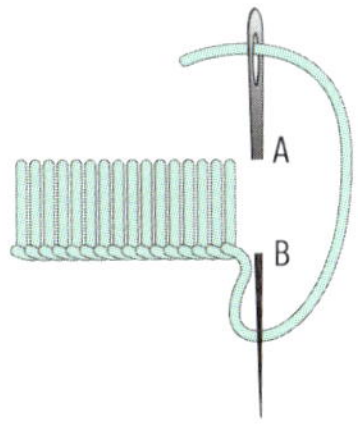

Le point de maille

Le principe est simple : vous brodez des V par-dessus les mailles, c'est comme du faux jacquard ! Ce point est valable sur du jersey.

1. Sortez le fil en bas de la première maille à broder. Piquez l'aiguille sous les deux brins de la maille au-dessus.

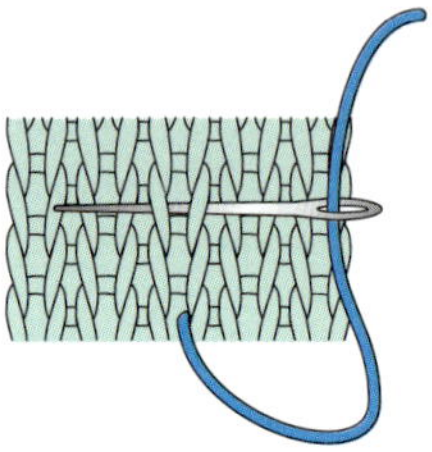

2. Piquez l'aiguille à nouveau sous la maille. Vous avez fait un V.

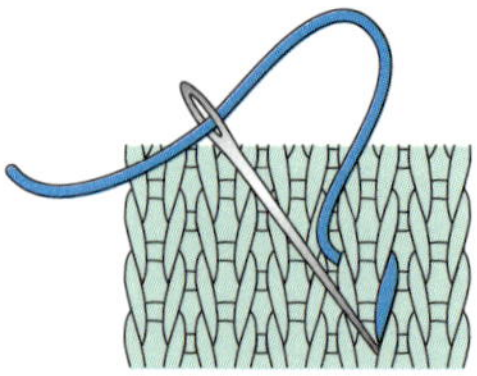

3. Continuez pour faire le V suivant.

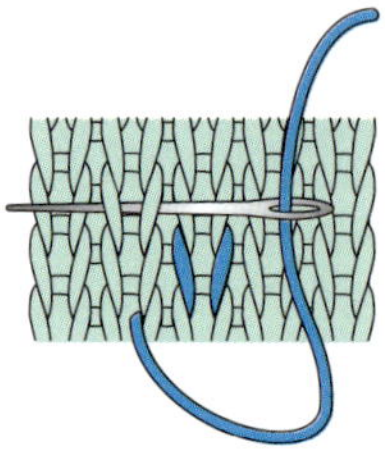

ASTUCE ▶ Dessinez votre motif sur une grille à l'avance : un carré correspond à une maille, comme sur les grilles de jacquard !

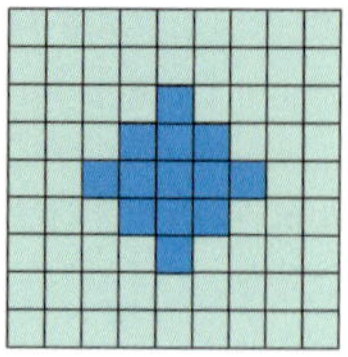

ASTUCE

Camouflez une maille ratée ! Vous venez de voir que vous avez fait une maille endroit à la place d'une maille envers, ou inversement, et vous ne voulez pas tout recommencer. Brodez une fausse maille avec le même fil :

- pour faire une maille endroit, brodez un V au point de maille ;
- pour faire une maille envers, brodez une petite barre horizontale.

■ LE CROCHET

Le crochet peut être utile pour border un col ou pour faire quelques rangs à la fin d'un tricot.
Pour cela, quelques points de base suffisent.
Utilisez un fil de la même grosseur que celui du tricot, et un crochet de la même grosseur que les aiguilles.
Tenez le tricot endroit face à vous.

La bordure en mailles serrées

C'est le point de base du crochet.

1. Piquez le crochet d'avant en arrière sous la maille du tricot et enroulez le fil autour du crochet par le dessus.
2. Tirez-le à travers le tricot. Vous avez une boucle sur le crochet.

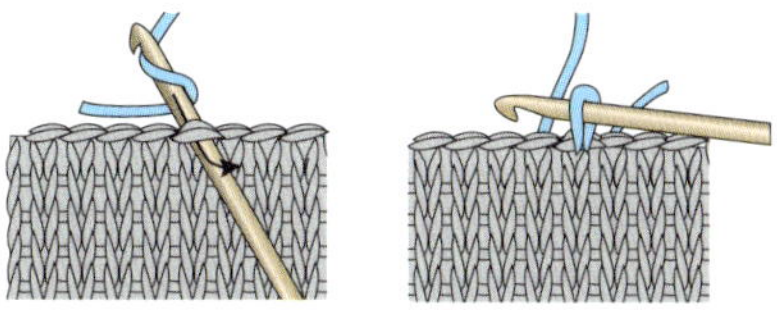

3. 4. Enroulez le fil autour du crochet et tirez-le à travers la boucle. Vous avez fait une maille en l'air.

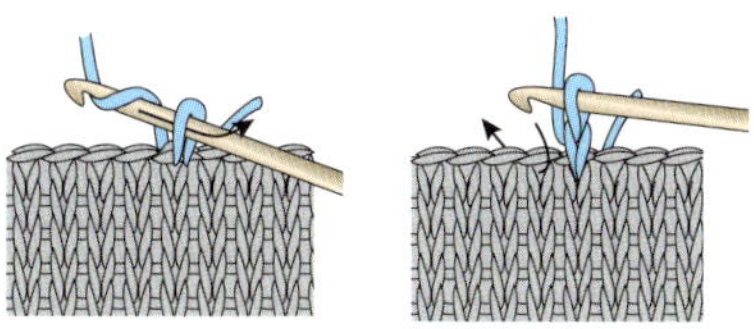

5. Piquez le crochet d'avant en arrière sous la maille suivante.
6. Enroulez le fil autour du crochet et tirez-le à travers le tricot. Vous avez deux boucles sur le crochet.

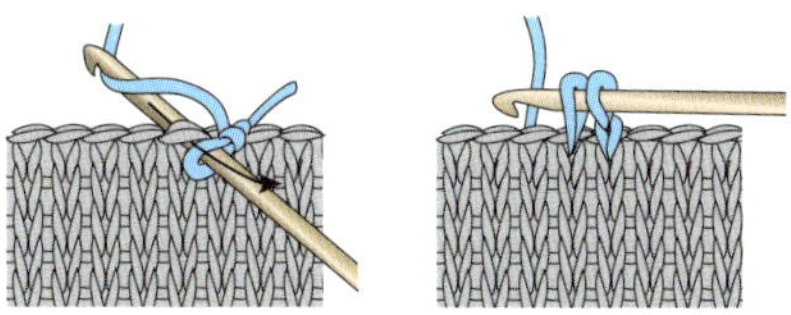

7. 8. Enroulez le fil autour du crochet et tirez-le à travers les deux boucles. Vous avez une maille serrée.

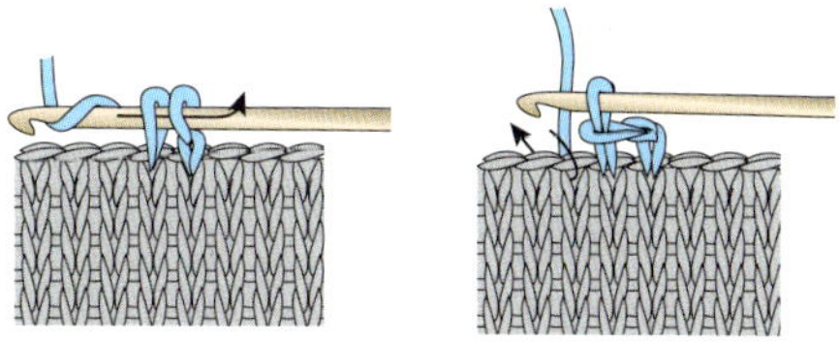

Piquez le crochet sous la maille suivante du tricot et refaites les étapes **5 à 8** pour refaire une maille serrée.

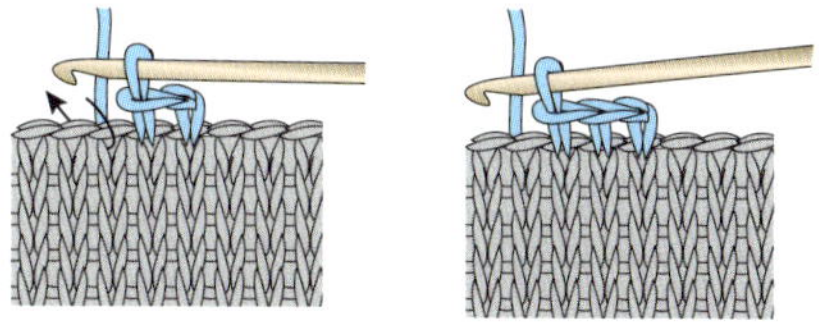

Faites une maille serrée dans chaque maille du tricot. À la fin du rang, coupez le fil en laissant 5 cm et tirez-le à travers la maille.

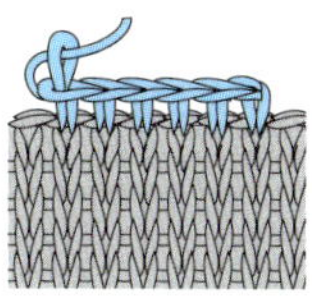

Si vous bordez le bas d'un pull ou un col, vous faites le tour. À la fin du tour, piquez le crochet sous les deux brins de la première maille et attrapez le fil.

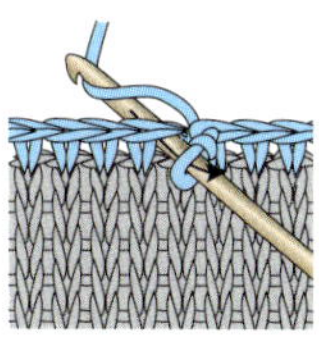

Tirez-le à travers la maille du crochet.
Vous avez une boucle sur le crochet.
Coupez le fil en laissant 5 cm et tirez-le à travers la maille.

Si vous voulez faire un autre tour d'une autre couleur, ne le tirez pas à travers la maille mais attrapez un autre fil.

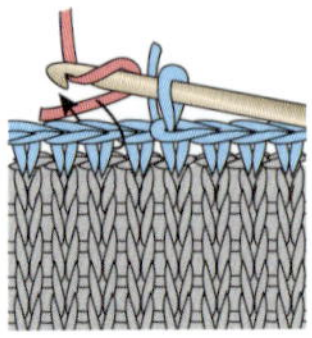

Faites les tours suivants en faisant les mailles serrées sous les mailles serrées du tour précédent.

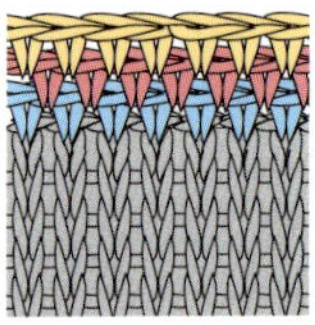

La bordure au point granité

Le point granité est plus souple que les mailles serrées. On l'obtient en alternant des mailles en l'air et des mailles serrées et en piquant le crochet sous les mailles en l'air du rang précédent.

1. Faites les étapes 1 à 4 de la maille serrée.
2. Faites une autre maille en l'air.

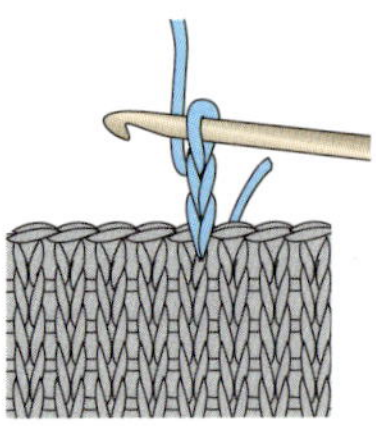

3. Piquez le crochet dans la **deuxième** maille suivante et enroulez le fil autour du crochet.
4. Tirez-le à travers le tricot. Vous avez deux boucles sur le crochet.

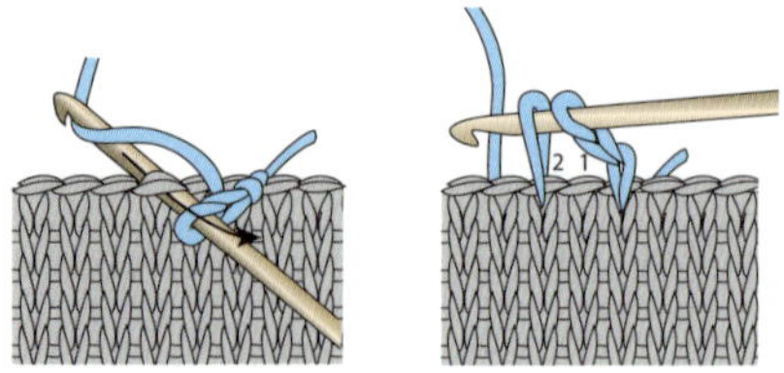

5. Enroulez le fil autour du crochet.
6. Tirez-le à travers les 2 boucles du crochet.
Vous avez une maille serrée.

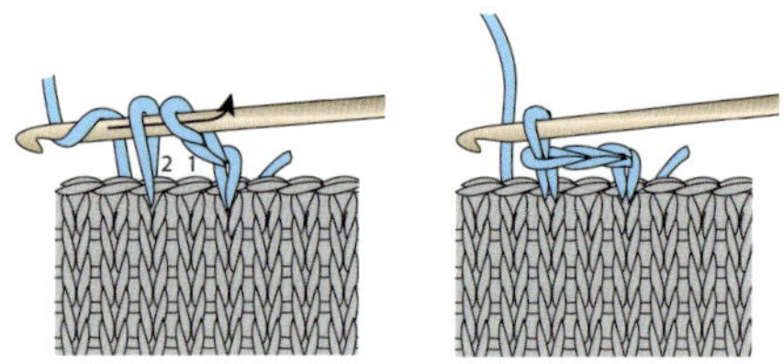

7. Piquez le crochet dans la **quatrième** maille et faites les étapes 3 à 8 pour faire encore une maille en l'air et une maille serrée.

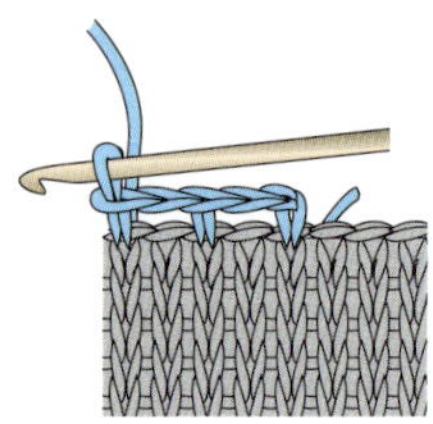

8. Recommencez et faites ainsi tout le tour.
À la fin du tour, c'est comme pour la bordure en mailles serrées.

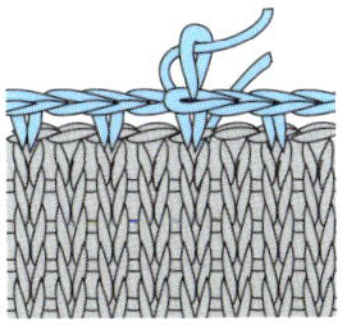

9. Faites les tours suivants en faisant les mailles serrées sous les mailles en l'air et les mailles en l'air au-dessus des mailles serrées.

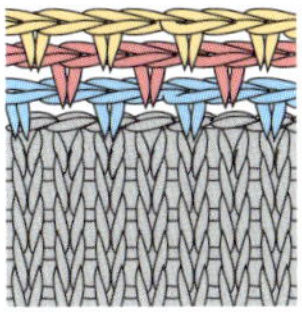

EN RÉSUMÉ
On pique le crochet dans la maille d'avant en arrière. À la fin de chaque point, il ne doit rester sur le crochet qu'une seule boucle.

■ LES ASTUCES DES COPINES

Voilà quelques astuces en plus, celles que nous font partager les copines !

Tricoter avec deux fils

Delphine : *quand je tricote un modèle, j'ajoute un fil plus fin, par exemple un fil de soie. Comme ça mon modèle n'est qu'à moi ! Vous obtenez un effet un peu chiné qui n'existera que sur votre pull à vous !*

Pour tricoter avec deux fils

Il arrive qu'il y ait besoin de tricoter avec deux fils s'ils sont trop fins.

Pour cela, utilisez 2 pelotes en même temps. Mais pour un petit modèle qui ne demande qu'une pelote, tricotez avec le fil intérieur et extérieur de la pelote en même temps.

J'ai peur de ne pas avoir assez de laine pour faire un pull.

Evelyne : *je commence par le haut et j'arrête quand je n'ai plus de laine, le pull sera plus court. Ou bien je le termine avec un autre fil en utilisant un autre point ou en faisant des rayures.*

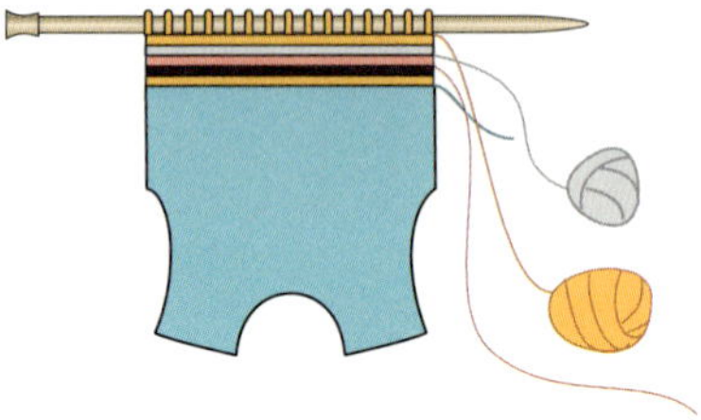

Si un pull est trop petit

Evelyne : *je relève les mailles à l'intérieur du bas du pull et je tricote une bande en côtes. C'est comme si j'avais deux pulls superposés. Ou bien je tricote plusieurs bandes à part et je les fixe avec des boutons. Comme ça je peux changer, c'est le pull 3 en 1 !*

C'est une bonne façon d'utiliser vos chutes de laine !

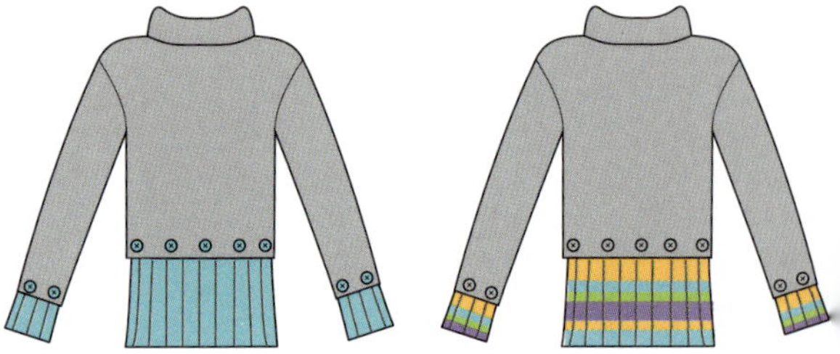

Je ne suis pas sûre d'avoir assez pour finir les manches.

Evelyne : je tricote les deux manches en même temps sur deux aiguilles différentes ou sur la même aiguille.

Divisez les pelotes en deux. Commencez par le haut des 2 manches et arrêtez quand vous n'avez plus de fil.

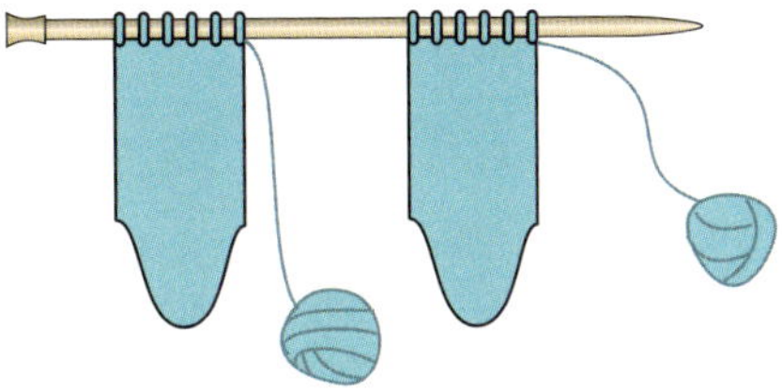

Le déjaugé

Colette : j'aime les tricots très légers et ajourés, je les tricote en déjaugé.

Prenez un fil fin et des aiguilles beaucoup plus grosses que celles préconisées pour ce fil.
On appelle ça du déjaugé. La jauge est la largeur de la maille.
Vous aurez des mailles très lâches et souples.
Attention, le tricot sera difficile à mesurer car il peut s'étirer en largeur ou en longueur.

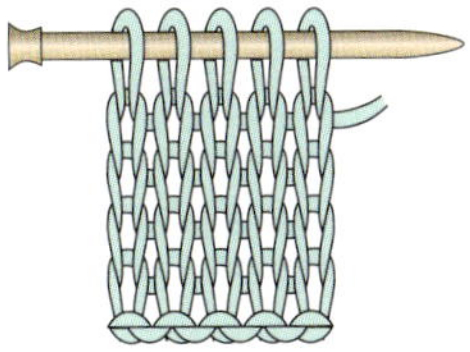

Laine poilue

Géraldine : je tricote avec une laine poilue, comme ça on ne voit pas les erreurs !

En effet, mais dans ce cas le modèle doit être très simple car on ne voit pas non plus les points. Faites une écharpe ou une étole.

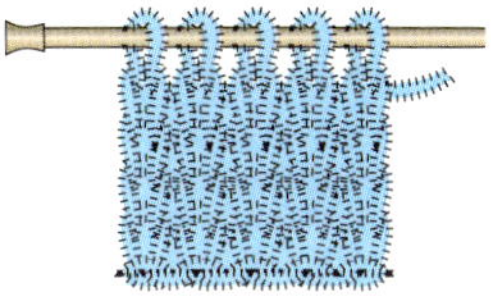

Défriser de la laine tricotée

Evelyne : quand je détricote un pull, la laine est frisée. Je la mets en écheveaux en l'enroulant autour d'un haut de chaise puis je la lave à la machine dans une taie d'oreiller.

Pour faire un écheveau
Enroulez la laine autour d'un dossier de chaise, vous avez un anneau. Attachez les fils ensemble à différents endroits de l'anneau.

Avant de la tricoter, faites une pelote. (Il existe pour ça des **bobinoirs** très pratiques.)
Vous ne pouvez pas tricoter directement la laine de l'écheveau car elle risque de s'emmêler.

TRANSFORMATION DE PULLS

3

8 façons de transformer un pull

Vous avez tricoté un pull et vous le trouvez trop long?
Vous voulez agrandir les manches d'un pull trop petit?
Vous voulez transformer le col?

C'est possible, suivez les instructions.
Prenez de préférence un pull dont on voit bien
les mailles, tricoté à la main
dans un fil de grosseur 4 au moins.

FAITES D'UN BASIQUE UN NOUVEAU PULL

Votre pull est trop court ?
Allongez le bas et les manches en tricotant à la suite.

AVANT

APRÈS

Rallongez le bas du pull

Rallongez les manches

Coupez le col roulé

1 MON PULL EST TROP COURT

Vous voulez rallonger le bas du pull et les manches. Pour cela, vous allez couper les côtes et tricoter pour rallonger.
Comme vous n'avez pas forcément la même laine, tricotez dans un autre point ou dans une autre couleur.

IL VOUS FAUT

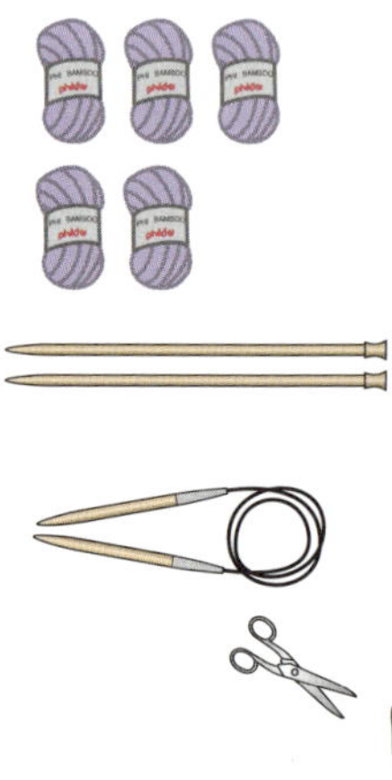

- au moins 5 pelotes de laine de grosseur à peu près équivalente à celle du pull
- 1 paire d'aiguilles adaptées à la nouvelle laine, droites ou circulaires
- 1 paire de ciseaux
- 1 aiguille à laine

Rallonger le bas du pull

1. Décousez les côtés, 5 cm au-dessus des côtes pour pouvoir tricoter le devant et le dos l'un après l'autre. Si vous ne trouvez pas le fil de la couture (voir page 56), coupez le bas des côtes, puisque ça sera coupé. Et écartez les mailles à l'endroit de la couture.

2. Glissez l'aiguille dans le 4e rang au-dessus des côtes, de droite à gauche, dans le brin droit de chaque maille (voir page 50).
Coupez le rang juste au-dessus des côtes et tirez le fil pour libérer les mailles sur l'aiguille.

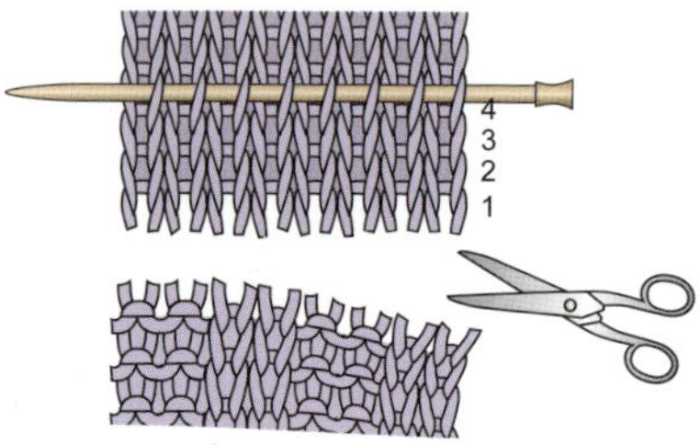

ASTUCE ▶ Commencez par le dos du pull car le début est parfois moins régulier.
Tricotez la longueur voulue avec le nouveau fil, au point mousse, en côtes, point de riz, etc. Attention, si vous tricotez du jersey, le bas s'enroulera : prévoyez quelques centimètres en plus pour garder la longueur désirée. Faites la même chose sur le devant du pull.

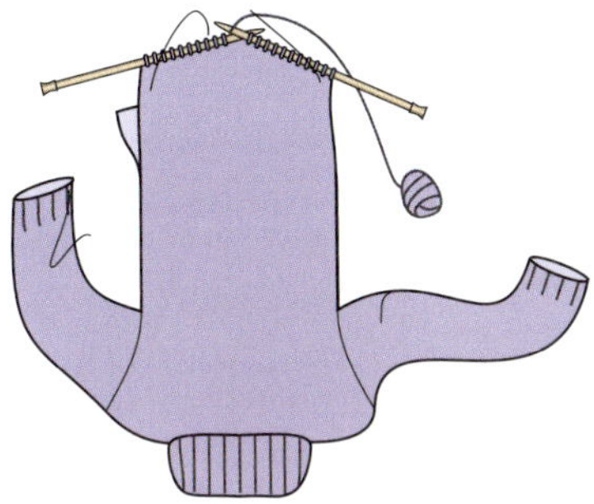

3. Recousez les côtés avec une couture invisible (voir page 54).

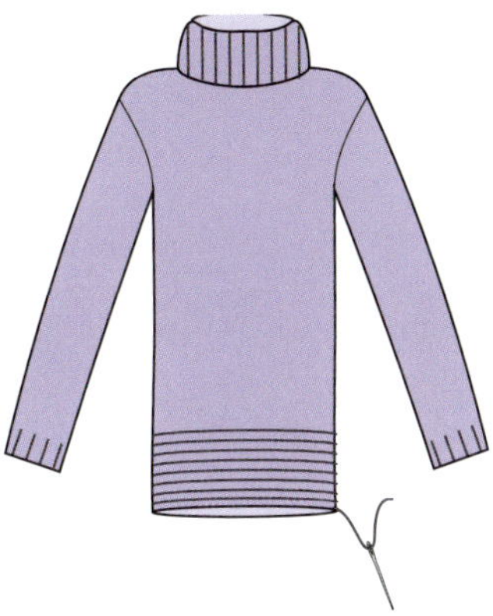

Rallonger les manches

Procédez de la même manière mais décousez le côté davantage pour pouvoir mettre la manche à plat.

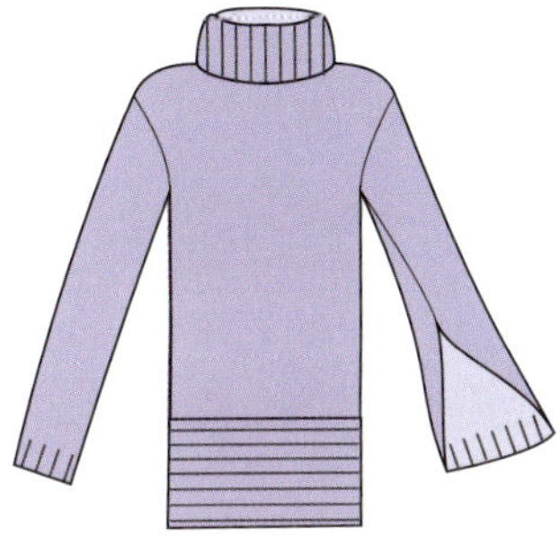

ASTUCE ▶ Si vous maîtrisez les aiguilles circulaires, ne décousez pas les côtés du pull ou de la manche avant de couper, puis tricotez en rond (voir page 26).

Si le pull est tricoté en rond

Utilisez des aiguilles circulaires.

4. Il n'y a pas de coutures sur les côtés. Glissez la première aiguille dans le 4e rang au-dessus des côtes, dans le brin de droite des mailles. Commencez par le milieu du dos.

5. Faites tout le tour.

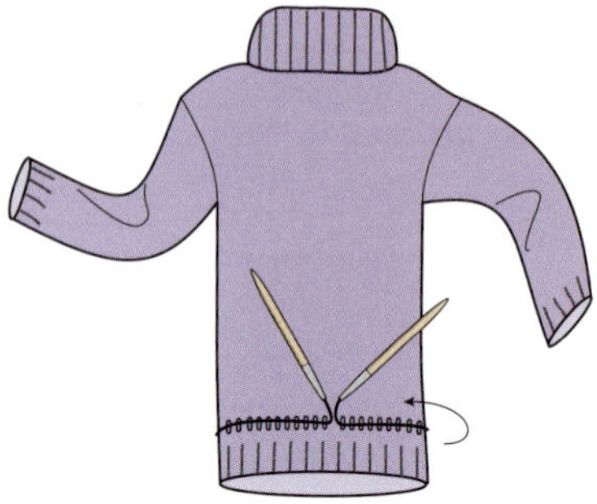

6. Coupez le rang au-dessus des côtes.

7. Tricotez en rond. Vous n'avez pas de couture.

VARIANTES

Vous ne voulez pas tricoter ? Utilisez vos chutes en cousant des bandes de tissu ou de dentelle pour rallonger votre pull. Dans ce cas, après avoir glissé les aiguilles dans les mailles, faites deux rangs de point mousse pour éviter que le tricot ne s'enroule puis rabattez les mailles.

Attention, cousez souplement pour garder l'élasticité du pull.

2 JE VEUX RACCOURCIR UN COL ROULÉ

Vous n'aimez pas le col roulé ?
Raccourcissez-le.
En général, le col est tricoté en une pièce et cousu dans le dos. Le mieux est de prendre des aiguilles circulaires et de le tricoter en rond, ainsi vous n'aurez pas de couture à faire.

IL VOUS FAUT

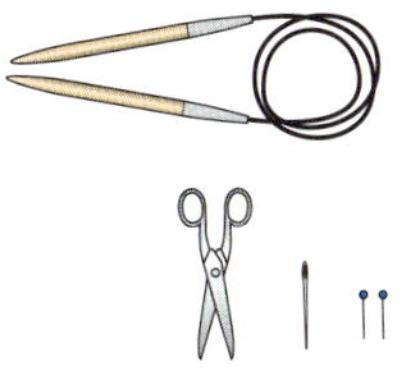

- *1 aiguille circulaire adaptée à la laine du pull*
- *des épingles*
- *1 paire de ciseaux*
- *1 aiguille à laine*
- *des épingles*

1. Essayez le col et choisissez la hauteur en le repliant vers l'intérieur.
Repérez le rang qui sera le haut de votre col. Mettez une épingle.

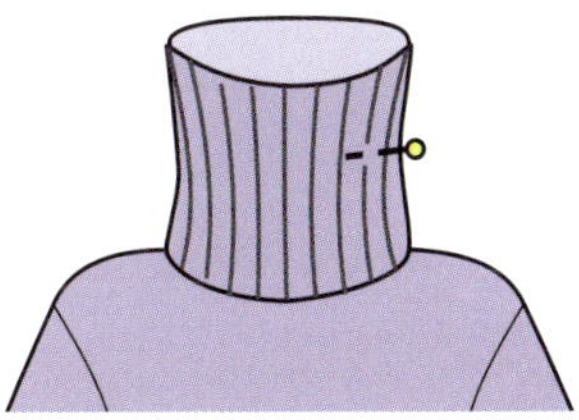

2. Glissez l'aiguille dans le rang où est l'épingle, de droite à gauche, dans les brins droits des mailles endroit et envers (voir page 50). Commencez par le milieu du dos, là où se trouve la couture.

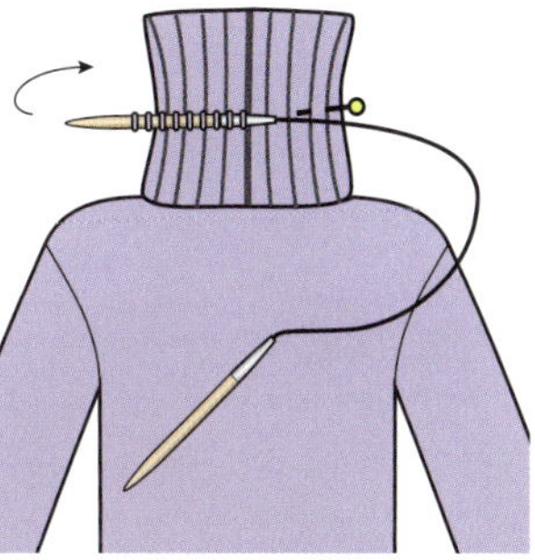

3. Coupez trois rangs au-dessus pour avoir suffisamment de fil pour rabattre les mailles (voir page 24).

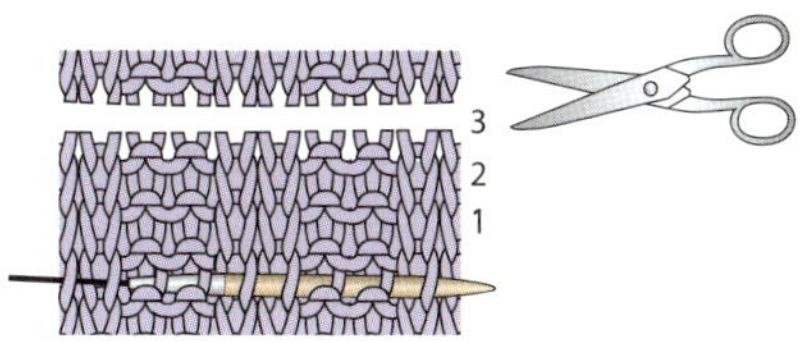

4. Tirez les fils.

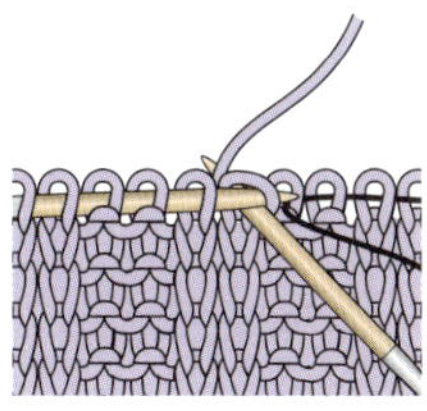

5. Rabattez les mailles comme elles se présentent (voir page 12), avec les fils qui ont été détricotés.
Rentrez les fils.

UN PULL À VOS MESURES

Votre pull est trop étroit ?
Ajoutez des bandes de couleurs.

3 MON PULL EST TROP SERRÉ

Vous avez tricoté les différentes pièces du pull et il vous paraît trop étroit ? Vous allez rajouter une bande de chaque côté. Tricotez cette bande dans une couleur ou un point différent pour donner du style.

IL VOUS FAUT

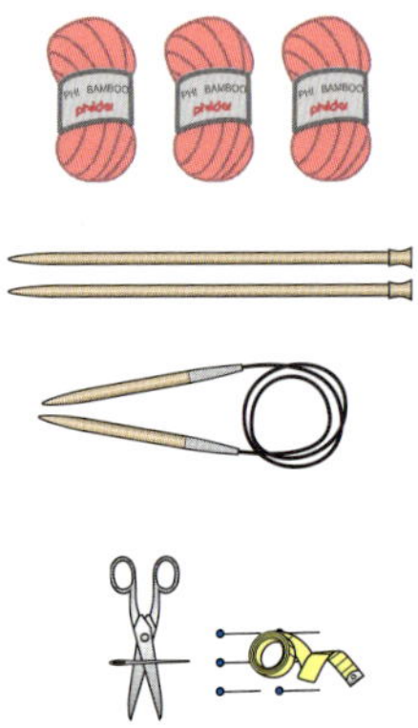

- au moins 3 pelotes de laine de grosseur à peu près équivalente à celle du pull
- 1 paire d'aiguilles adaptées à la nouvelle laine, droites (et circulaires pour le col)
- 1 paire de ciseaux
- 1 aiguille à laine
- 1 mètre ruban
- des épingles
- du papier et 1 crayon

1. Assemblez les pièces du pull rapidement au point avant. (Utilisez une laine de couleur très différente.)
Comparez-le avec un pull qui vous va bien, en le posant dessus.
Mesurez la largeur à ajouter de chaque côté.

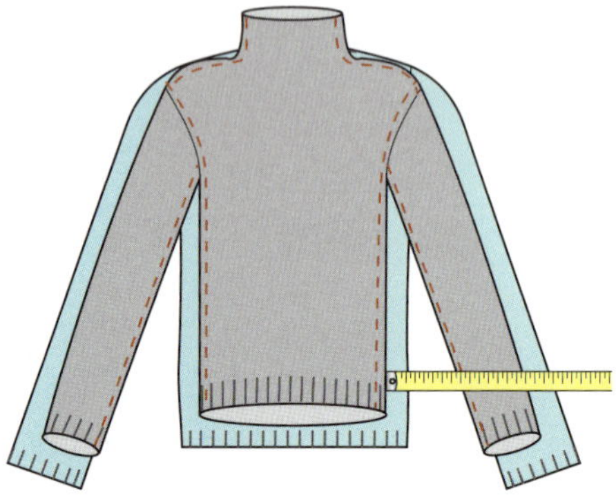

2. Faites un échantillon avec le fil que vous allez utiliser et comptez le nombre de mailles nécessaires pour obtenir la bonne largeur. Ajoutez deux mailles pour les coutures.

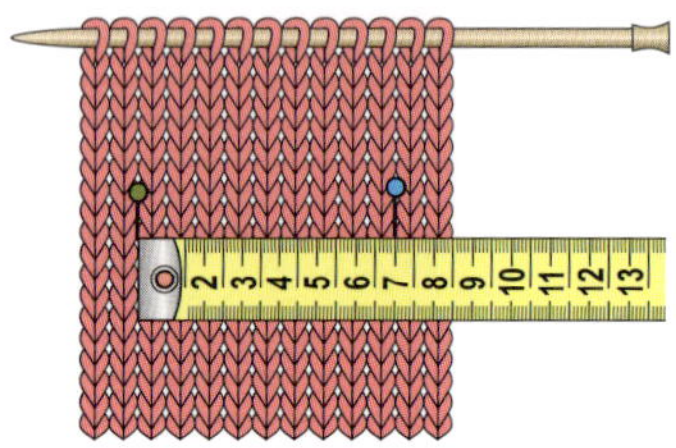

3. Mesurez la longueur en partant du bas du pull jusqu'au bout de la manche. Si le pull et les manches ont des bordures en côtes, mesurez-les aussi.
Faites un croquis.

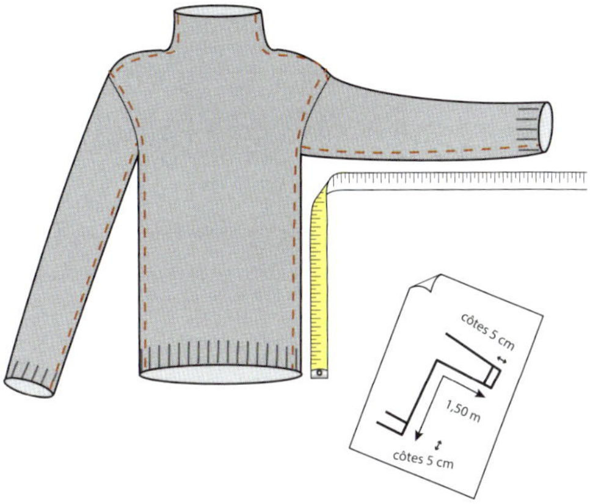

4. Tricotez deux bandes identiques. Faites au début et à la fin des côtes de la même hauteur que sur le pull et la manche.

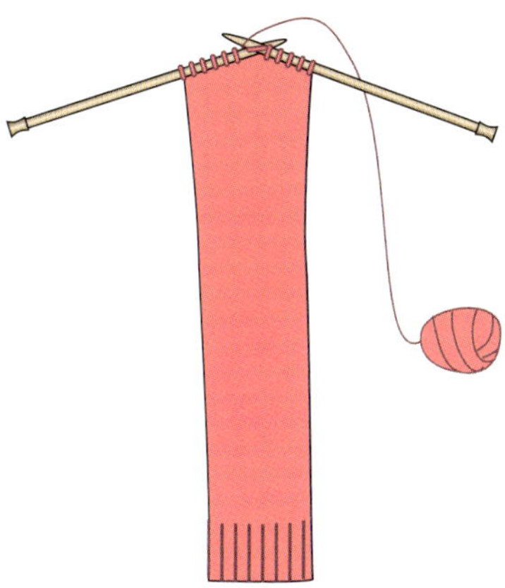

5. Décousez les côtés du pull et le dessous des manches.

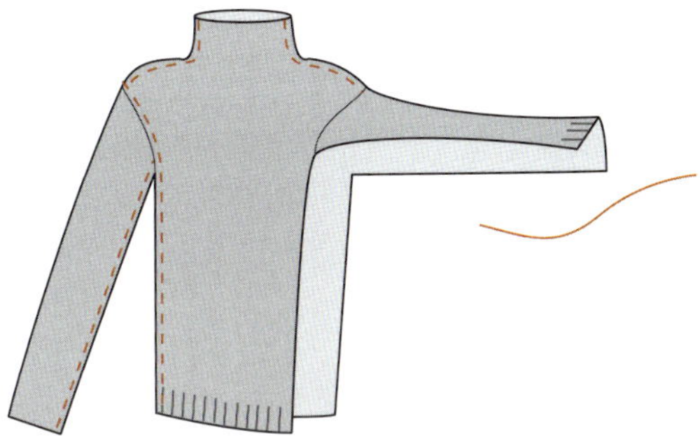

6. Mettez le pull à plat.
Épinglez une bande sur un des côtés du pull et de la manche. Épinglez d'abord les deux extrémités, puis le milieu pour bien répartir la bande. Étirez-la un peu si besoin.

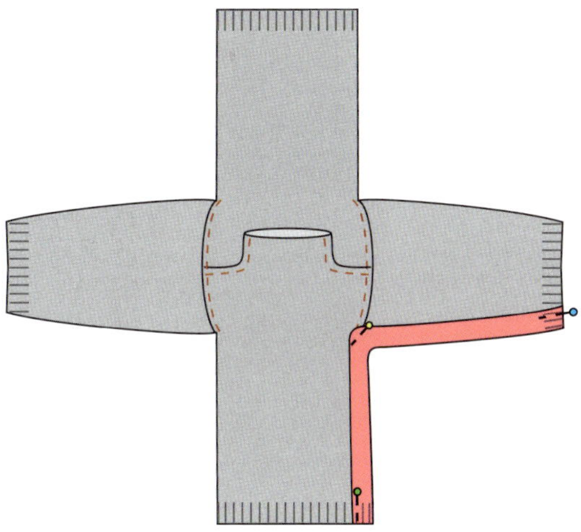

7. Cousez la bande à la couture invisible (voir page 54) d'un premier côté puis sur l'autre côté du pull.

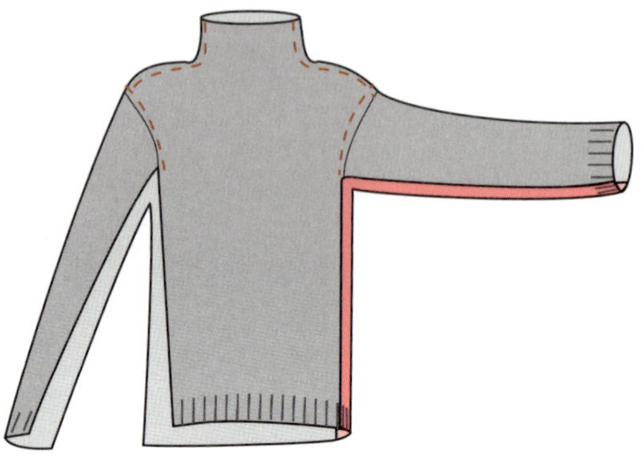

8. Faites une deuxième bande identique.
Cousez-la d'un premier côté. Puis cousez définitivement le reste du pull, après l'avoir essayé.

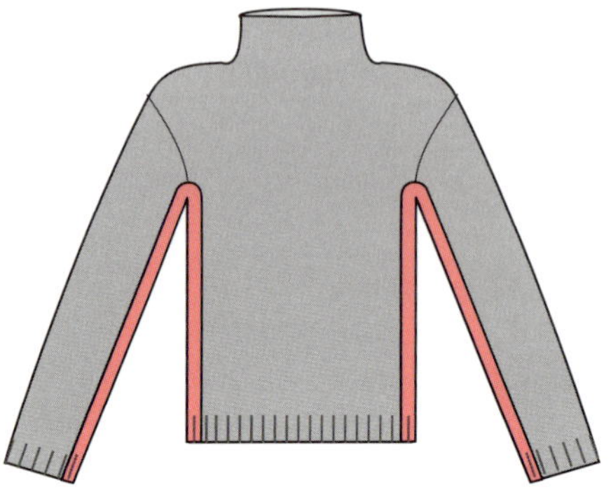

Attention : Si vous avez tricoté la bande avec un fil plus fin ou plus gros, vous ne pourrez pas coudre maille par maille. Sautez une maille de temps en temps sur la pièce tricotée plus serrée.

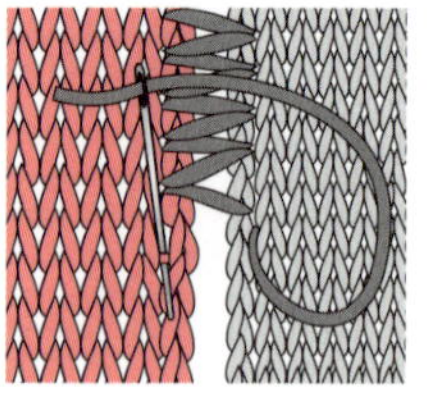

ASTUCE ▶ Si vous ne voulez pas élargir la manche, faites mourir la bande sur la manche à 10 cm. Pour cela, faites 1 diminution sur chaque côté à partir de l'aisselle.

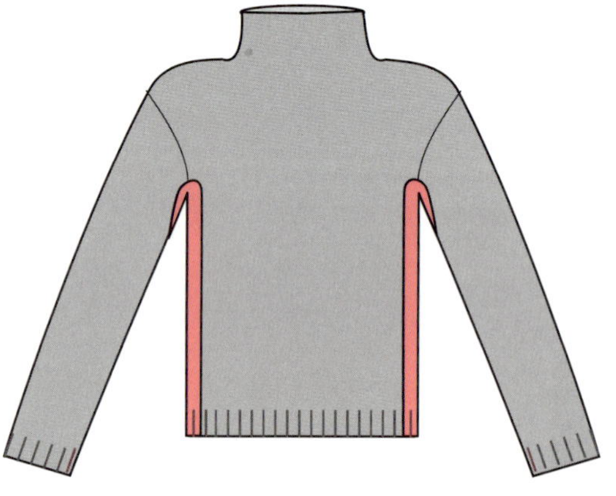

ASTUCE ▸ Refaites le col de la même couleur que les bandes. Pour cela, découssez les côtés et coupez-le, comme pour le col roulé du pull violet (voir page 81).

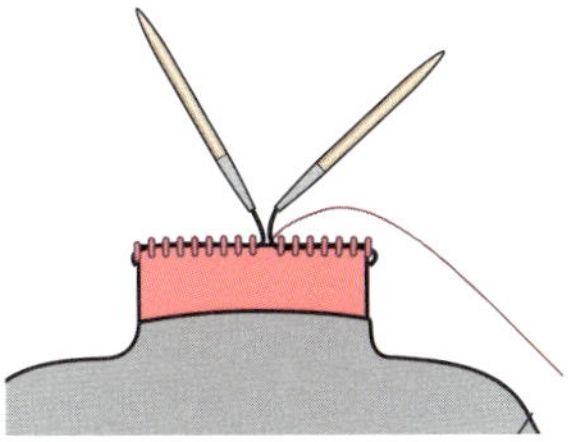

VARIANTES

À la place d'une bande de tricot, cousez des bandes de tissu ou des gros rubans de dentelle.

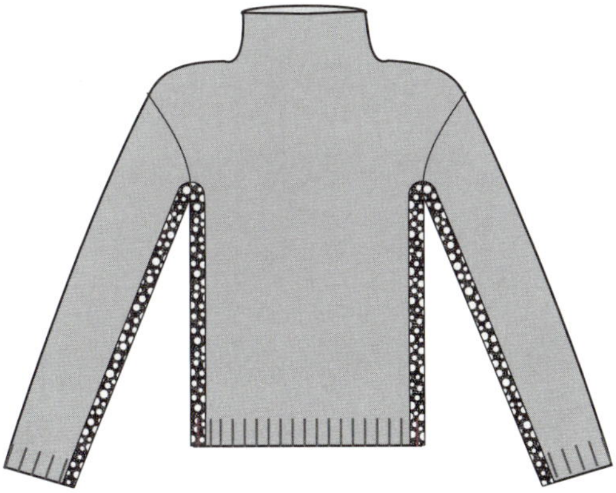

UN NOUVEAU STYLE

Votre pull est trop serré ?
Coupez le bas et le col pour les élargir.

4 MON PULL EST TROP ÉTROIT SUR LES HANCHES

Votre pull vous va bien mais il est trop étroit sur les hanches ? Il est facile de l'élargir en bas. Faites des fentes en décousant les côtés et ajoutez votre touche personnelle avec des petits boutons fabriqués maison.

IL VOUS FAUT

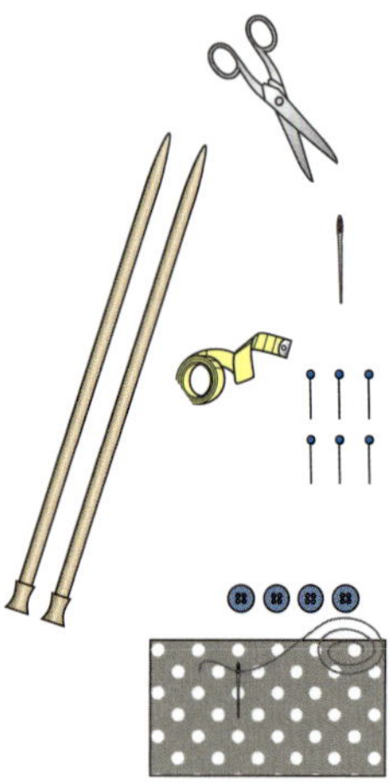

- 1 paire de ciseaux
- 1 paire d'aiguilles droites adaptées à la laine du pull
- 1 aiguille à laine
- 1 mètre ruban
- des épingles
- 4 boutons
- un peu de tissu
- du fil à coudre et une aiguille à coudre

Faire les fentes

1. Vérifiez que les pièces sont cousues et non tricotées en rond. Vous devez voir les mailles des bords repliées qui forment un relief sur l'envers du tricot.

2. Mesurez 10 cm à partir du bas du pull et placez une épingle, de chaque côté du pull.

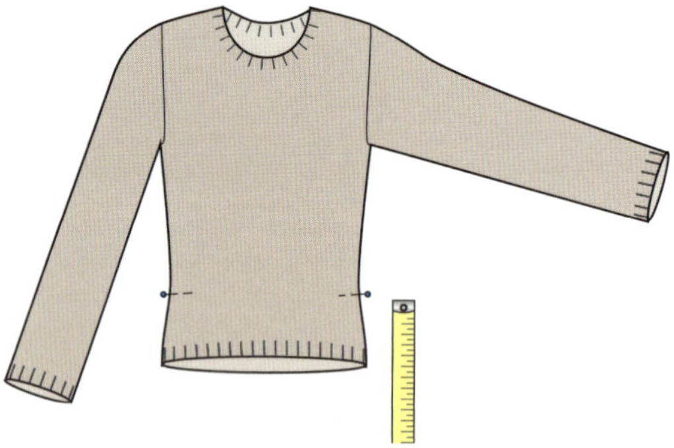

3. Décousez les côtés (voir page 56). Ne coupez pas le fil de la couture, si possible.
Essayez le pull pour vérifier que vous avez suffisamment décousu.

4. Retournez le pull pour le mettre à l'envers.
Arrêtez la couture en faisant plusieurs points les uns sur les autres, avec le fil de la couture.

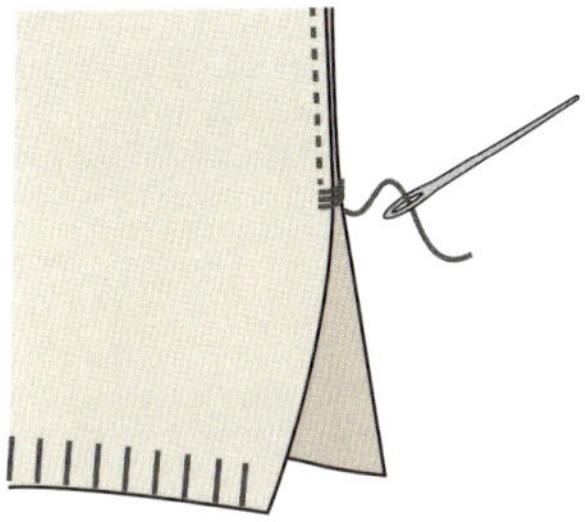

5. Repliez deux fois les bords pour faire un ourlet (ils s'enroulent).
Cousez l'ourlet avec un fil à coudre de la même couleur.

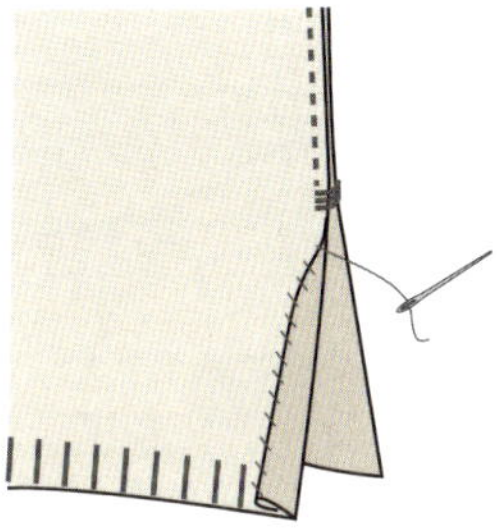

6. Retournez le pull pour le mettre à l'endroit.
Cousez deux boutons juste au-dessus de la fente (voir page 56). Faites la même chose de l'autre côté.

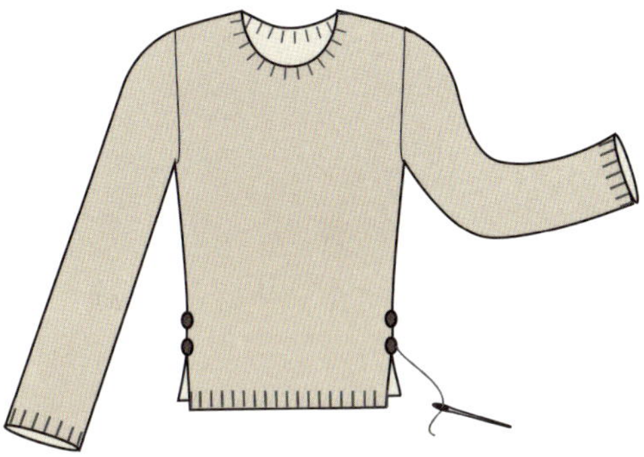

Recouvrir un bouton.

1. Si vous n'avez pas de boutons assortis, recouvrez-les d'un morceau de tissu. Utilisez des chutes pour cela.
Découpez un cercle plus grand que le bouton de 1 cm tout autour.
Passez un fil au point avant à 4 mm du bord.

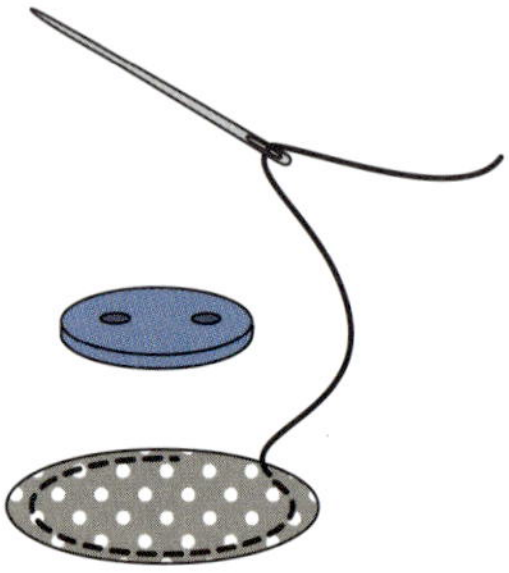

2. Posez le bouton au centre du cercle.
Tirez sur le fil pour le froncer.

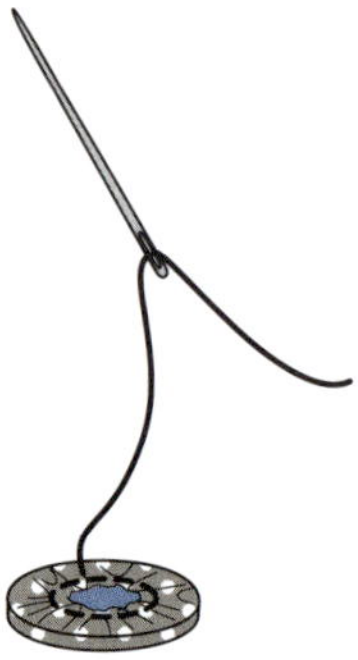

3. Faites quelques points qui traversent le bouton.

5 LES MANCHES SONT TROP LONGUES

1. Essayez le pull et placez une épingle à la longueur désirée.

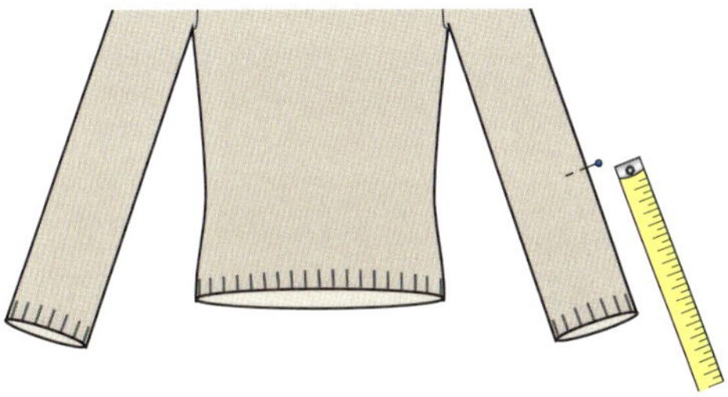

2. Décousez la manche 10 cm au-dessus pour pouvoir la mettre à plat.
Glissez l'aiguille dans le rang de droite à gauche, dans le brin droit de chaque maille (voir page 50), à la longueur voulue.
Coupez 3 rangs au-dessous.

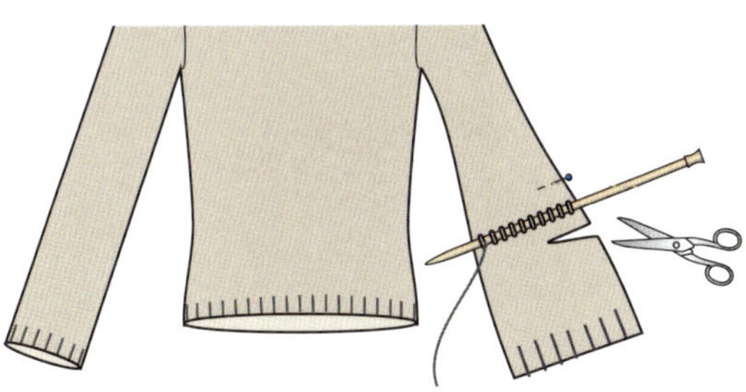

3. Détricotez les deux rangs sans couper le fil.
Rabattez les mailles avec le fil que vous avez déroulé.

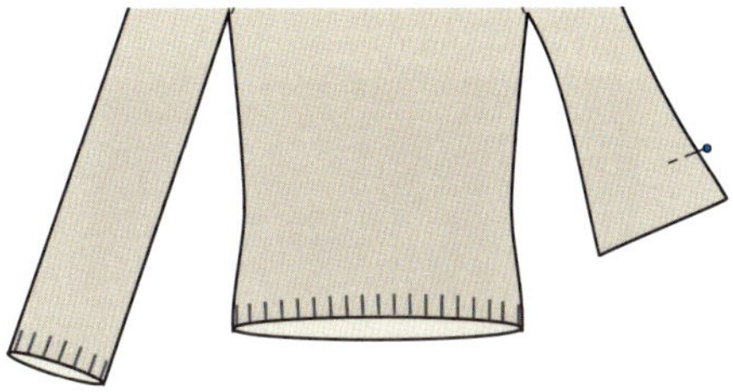

4. Recousez sur l'endroit la manche jusqu'à l'épingle.

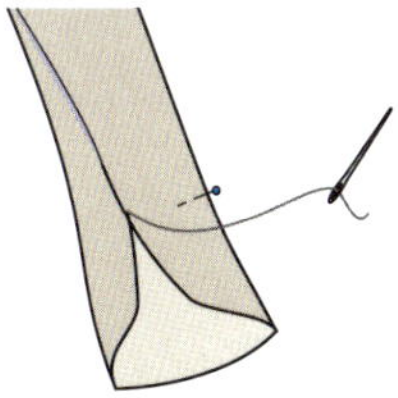

5. Recousez sur l'envers le reste de la manche.

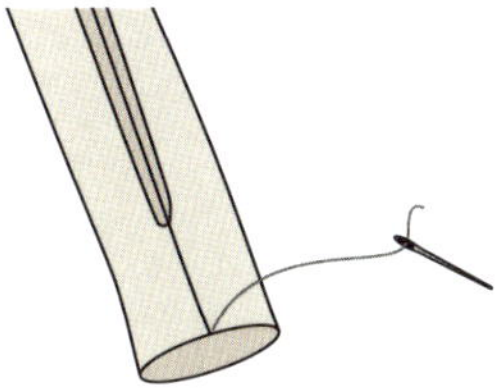

6. C'est la partie qui va s'enrouler.
La couture sera cachée dans le rabat.

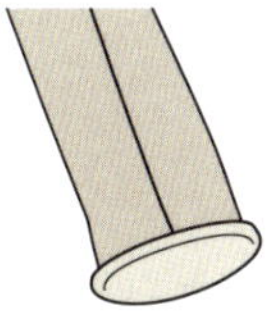

6 LE COL EST TROP ÉTROIT

Le col vous serre un peu ? Il est trop étroit. Pour l'élargir, faites une fente dans le dos et fermez-la par un ruban.

IL VOUS FAUT

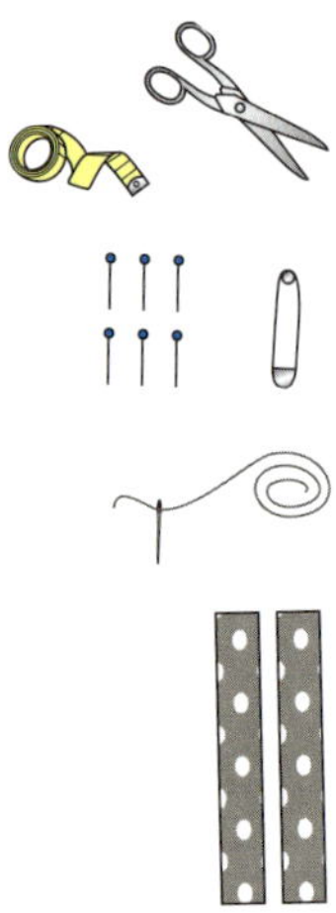

- 1 paire de ciseaux
- 1 mètre ruban
- des épingles
- une épingle de nourrice
- du fil à coudre et une aiguille à coudre
- 1 machine à coudre (facultatif)
- 1 bande de tissu de 10 x 50 cm ou 2 rubans de 50 cm de longueur

1. Décousez le col. En général il est cousu dans le dos (pour découdre, voir page 56).
Mesurez 10 cm sous le col et placez une épingle comme repère.

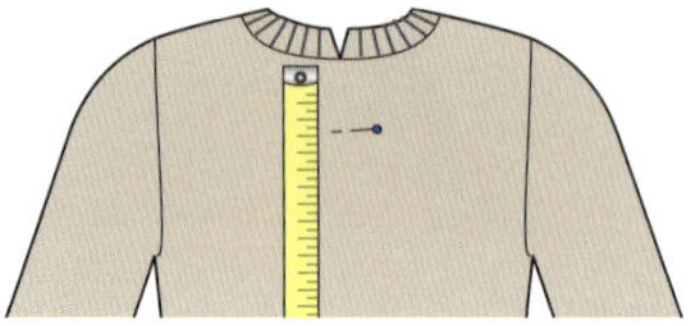

2. Glissez entre les mailles une épingle ou un fil vertical d'une couleur contrastée, de l'ouverture du col jusqu'au repère (passez bien entre les V). C'est là que vous couperez la fente.

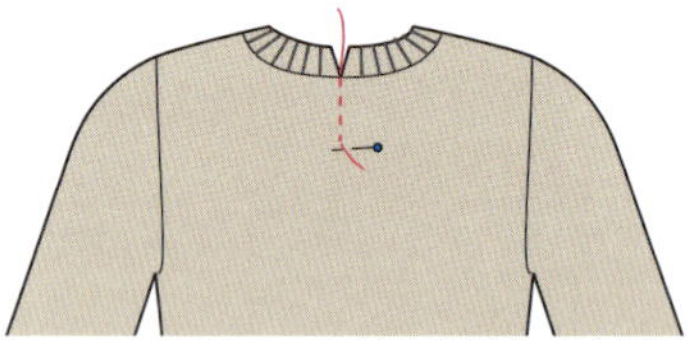

3. Piquez au point de zigzag le long de la 2e maille de chaque côté du fil, avec un fil à coudre de la même couleur (voir page 52). Commencez sur le bas des mailles du col, et faites un U qui encadre la future fente, sans interrompre la couture.

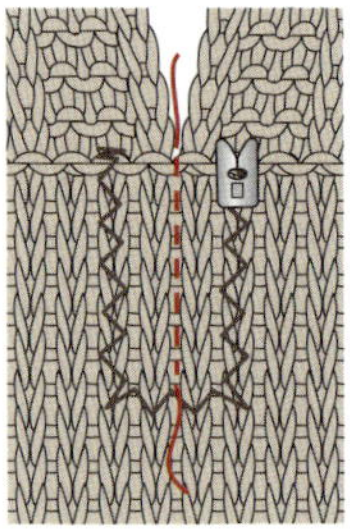

ASTUCE ▸ Si vous piquez à la main, faites des petits points serrés qui prennent bien toutes les mailles.

4. Coupez entre les mailles, sans toucher à la piqûre en bas, après avoir enlevé le fil de repère.

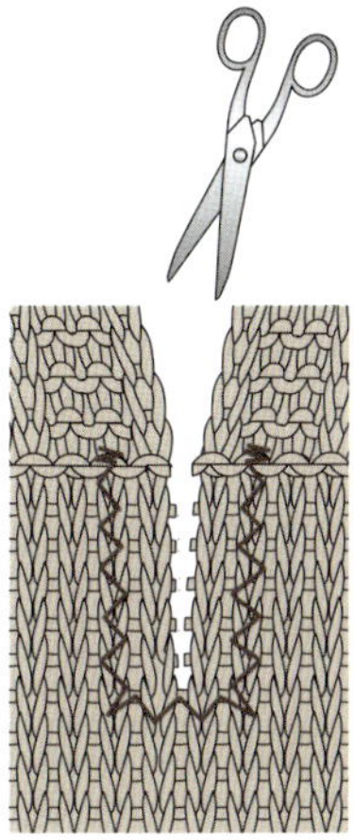

5. Retournez le pull pour le mettre à l'envers.
Repliez deux fois les bords de la fente (col compris) pour faire des ourlets et cacher la piqûre.
Cousez les ourlets avec un fil à coudre de la même couleur.

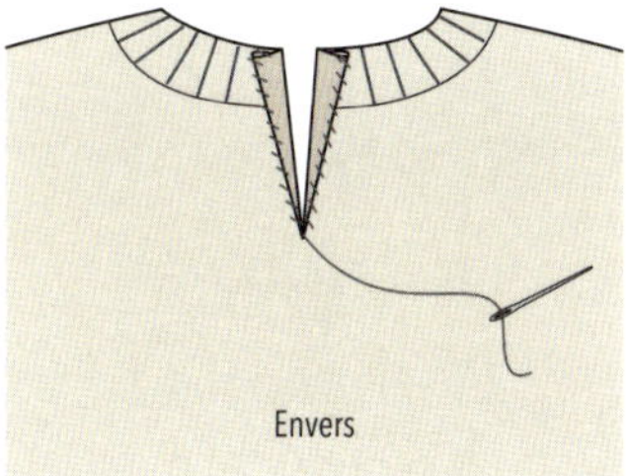

6. Cousez deux rubans de 30 cm, un de chaque côté : repliez l'extrémité pour la cacher et cousez-la sur le bord de la fente, sur l'envers du pull.

ASTUCE ▶ Faites des rubans vous-même :
Pliez en deux une bande de 4 x 50 cm environ, endroit contre endroit, et cousez-la à 5 mm du bord pour en faire un tube.

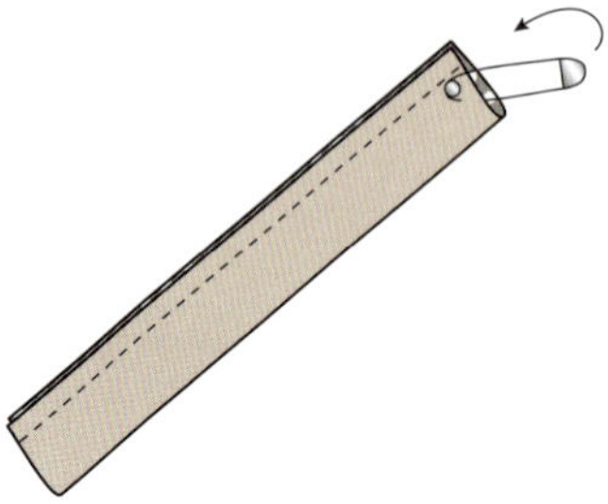

Retournez-la avec une épingle de nourrice.

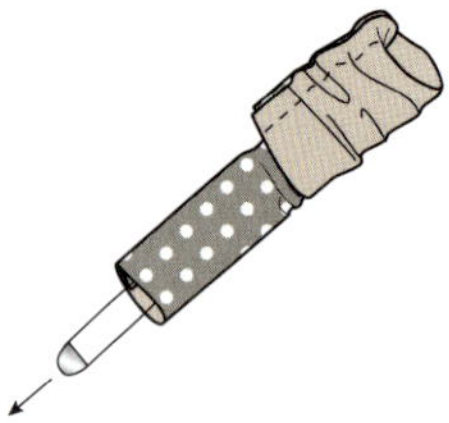

VARIANTES

À la place des rubans, cousez un bouton d'un côté du col et une patte de boutonnage de l'autre côté, faite d'un cordon plié en deux et cousu sur l'envers.

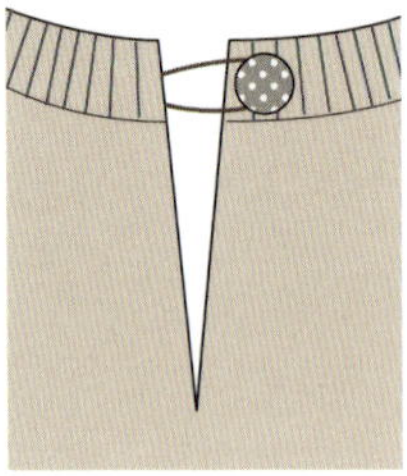

Ou faites un laçage en cousant un cordon en zigzag, sur l'envers.

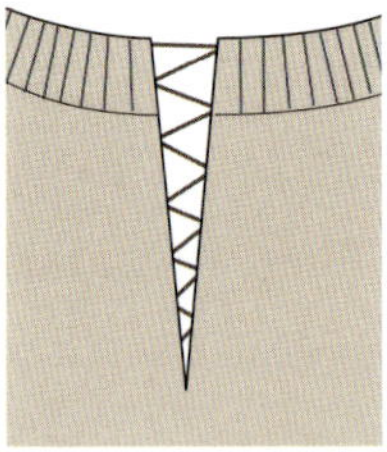

Ou encore, cousez un triangle de tissu ou de dentelle, toujours sur l'envers.

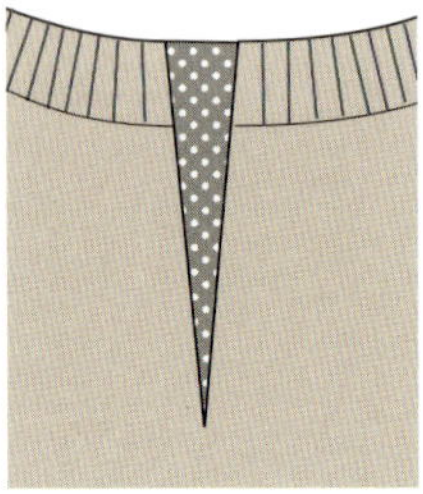

DÉCO RAFFINÉE

Le col et le bas ne vous plaisent pas ?
Décorez-les au crochet.

AVANT

APRÈS

Nouvelle bordure

Un col au crochet

7 MON PULL EST TROP LONG

Votre pull est trop long et vous voulez le raccourcir ? Pas de problème, coupez le bas du pull et faites une bordure au crochet ou au tricot.

IL VOUS FAUT

- des pelotes de coton de grosseur un peu inférieure à celle du pull (1 pelote par couleur)
- 1 crochet ou 1 paire d'aiguilles, droites ou circulaires, adaptées aux nouveaux fils
- 1 paire de ciseaux
- des épingles

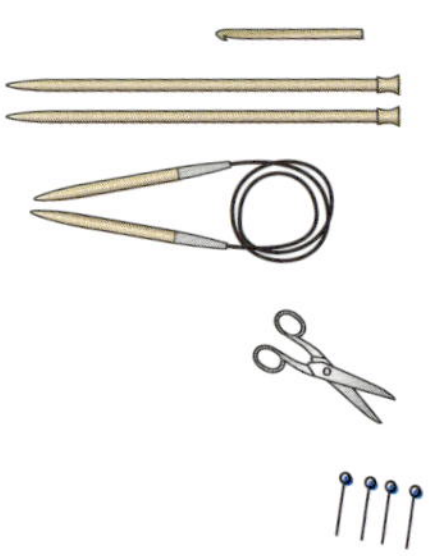

1. Essayez le pull en repliant le bas pour définir la bonne longueur.
Mettez une épingle de chaque côté comme repère.

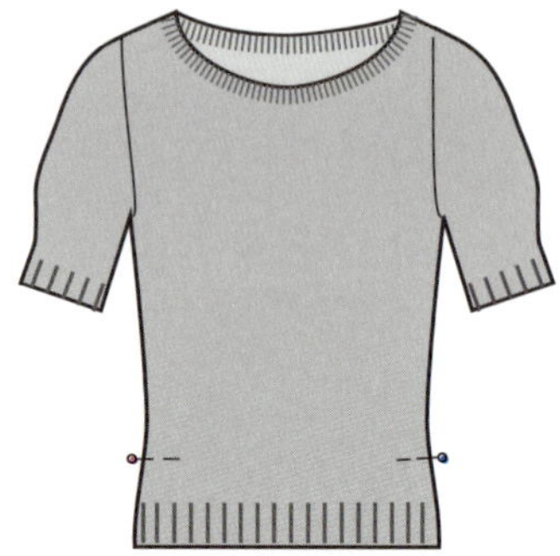

2. Décousez les côtés, jusqu'au-dessus des épingles.

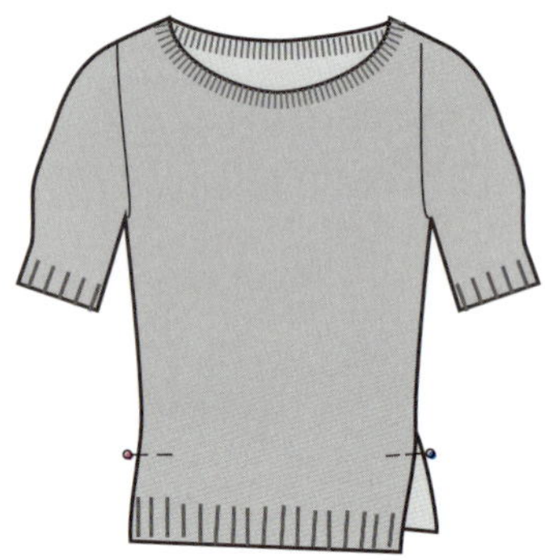

3. Glissez l'aiguille dans le rang où sont les épingles, de droite à gauche, dans le brin droit de chaque maille (voir page 50). Commencez par le dos.

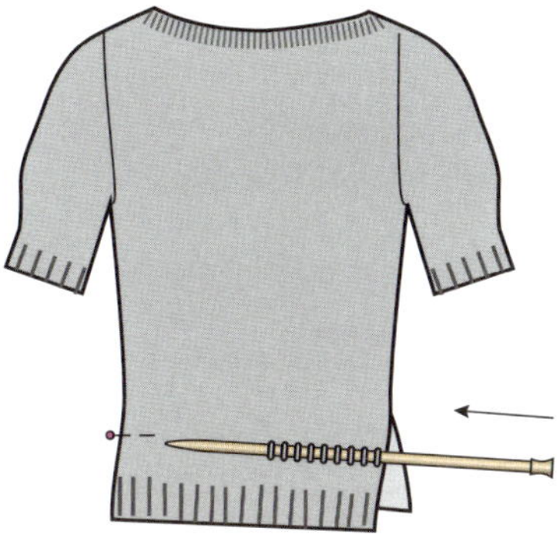

4. Coupez le 3e rang au-dessous de l'aiguille et tirez le fil pour libérer les mailles sur l'aiguille.
Ne coupez pas ce fil, il vous servira à rabattre les mailles.

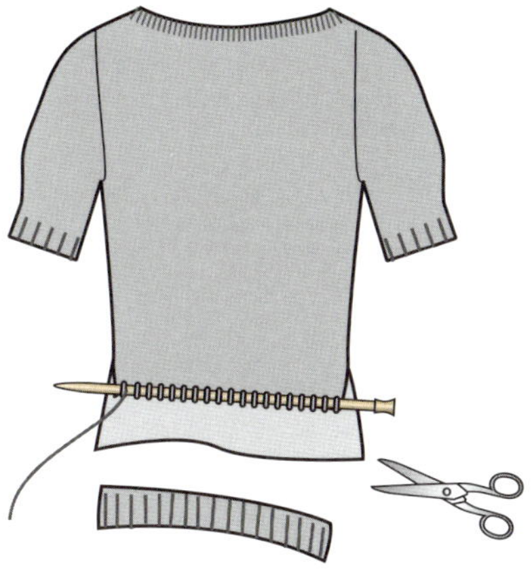

5. Tricotez deux rangs de point mousse avec le fil. Comme ça le bas du pull ne s'enroulera pas.
Rabattez les mailles.

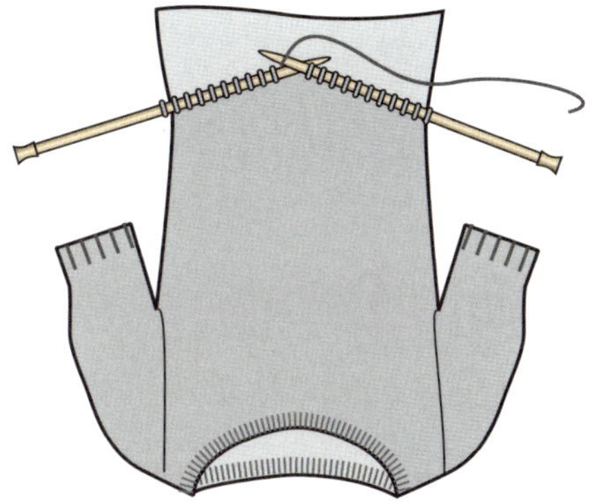

6. Faites la même chose sur le devant du pull.
Recousez les côtes avec une couture invisible (voir page 54).

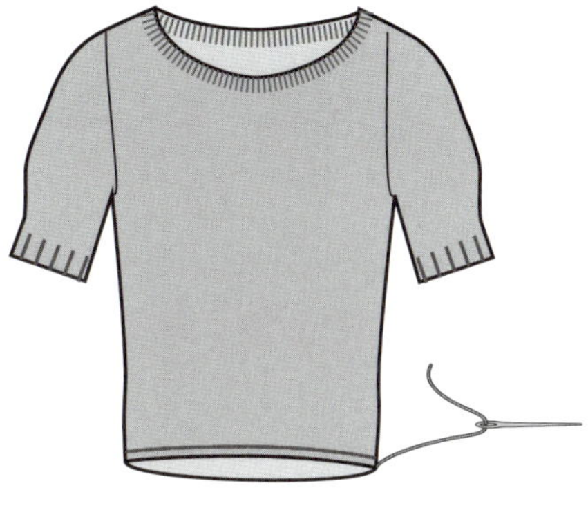

7. Crochetez une bordure au point granité dans les mailles rabattues en faisant tout le tour du pull (voir page 70). Changez de couleur sur chaque rang.

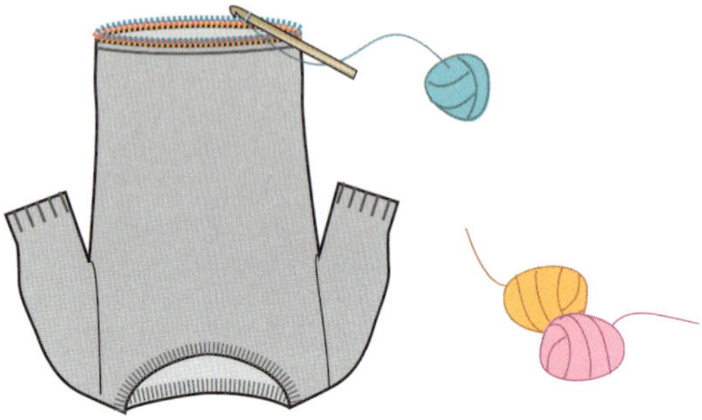

VARIANTE

Si vous n'aimez pas crocheter, faites quelques rangs au point mousse en changeant de couleur sur chaque rang, avant de rabattre les mailles et de recoudre les côtés.

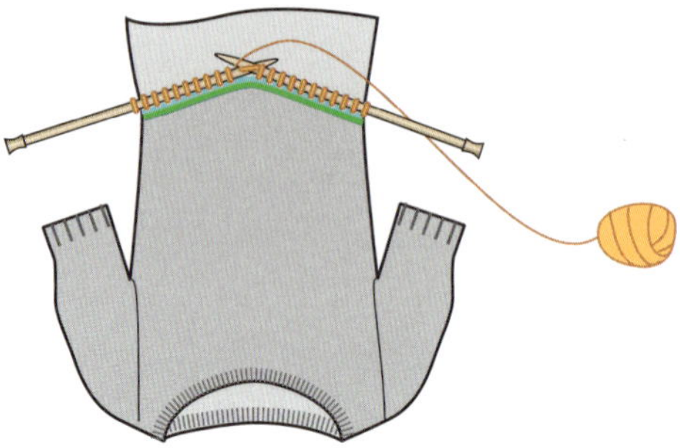

8 JE VEUX ENLEVER LE COL

Le col ne vous plaît plus, enlevez-le et remplacez-le par une bordure au crochet ou au tricot.

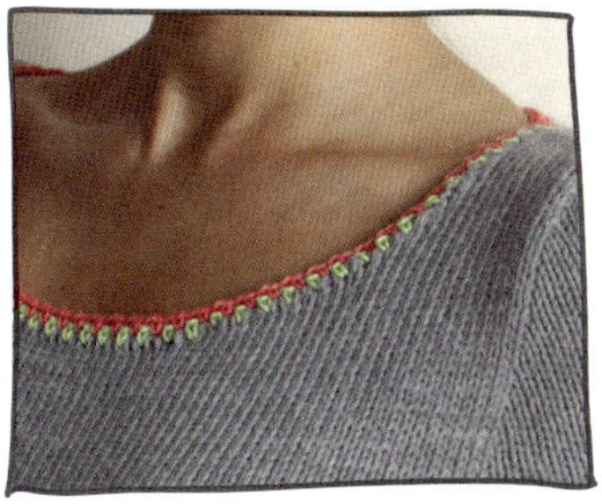

IL VOUS FAUT

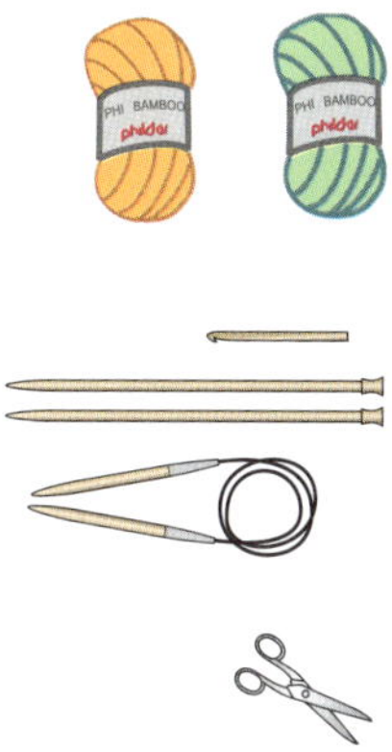

- des pelotes de coton de grosseur un peu inférieure à celle du pull (1 pelote par couleur)
- 1 crochet ou 1 paire d'aiguilles, droites ou circulaires, adaptés aux nouveaux fils
- 1 paire de petits ciseaux pointus

1. Décousez le dos du col.

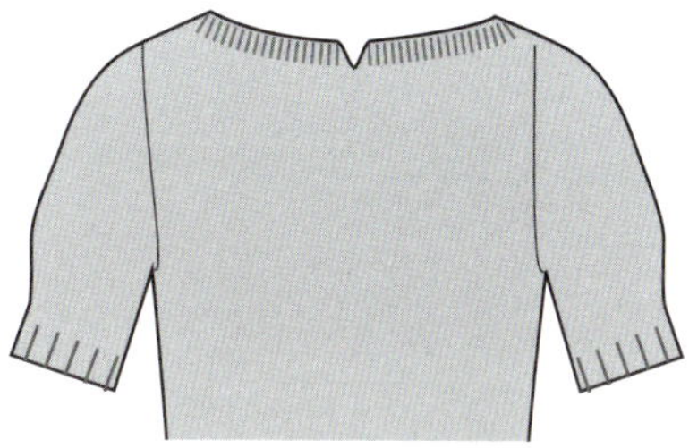

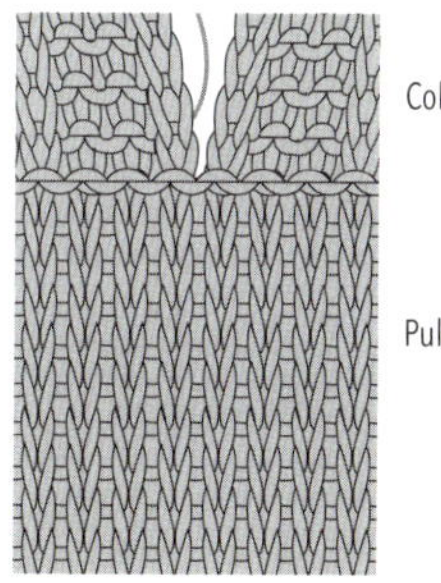

2. Coupez le col au 3e rang.

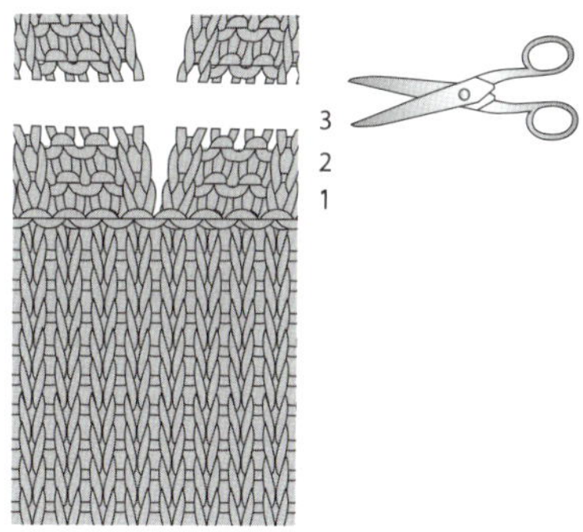

3. Détricotez ce qui reste du col jusqu'à la couture et décousez-le.

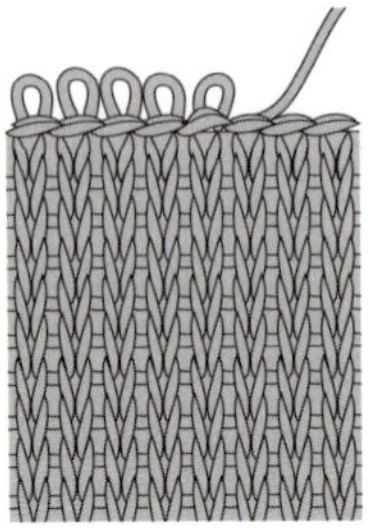

4. Piquez le crochet au milieu du dos et prenez un nouveau fil.

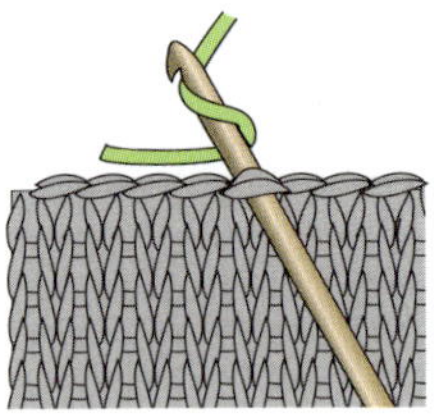

5. Crochetez une bordure au point granité, tout le tour du col (voir page 70).
Prenez un fil d'une autre couleur pour crocheter un deuxième tour.

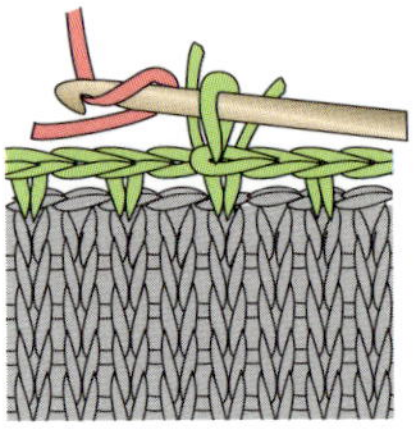

Crochetez un deuxième tour et terminez-le.

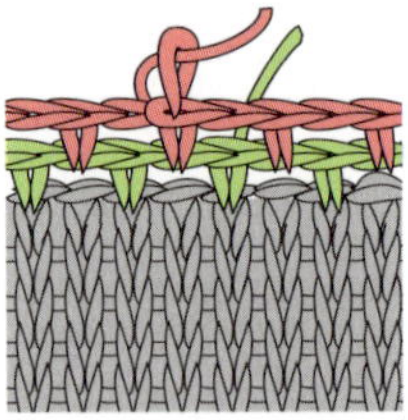

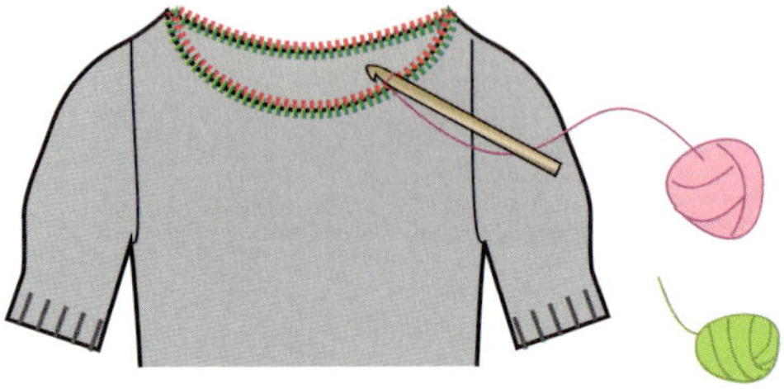

6. Si vous ne pouvez pas découdre le col, c'est qu'il est tricoté directement sur le pull.
Glissez une aiguille circulaire dans les mailles juste au-dessous du col (voir page 50).

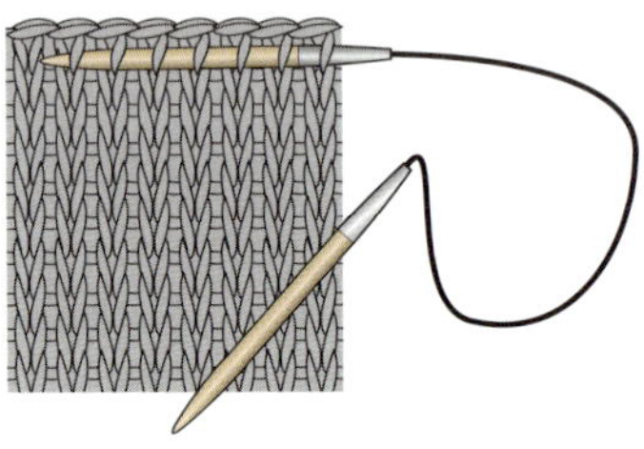

7. Tricotez deux rangs de point mousse pour que le bord ne s'enroule pas, rabattez les mailles et crochetez une bordure.

ASTUCE ▶ Si vous ne voulez pas crocheter, tricotez la bordure au point mousse.

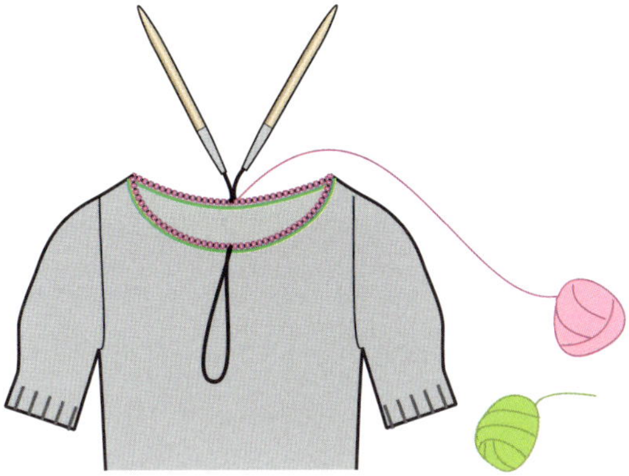

MES PREMIERS MODÈLES

4

×

6 modèles faciles

1 2 L'ÉCHARPE ET LE SNOOD

Débutez en douceur avec cette écharpe ou ce snood au point mousse.

• Taille unique

■ L'ÉCHARPE

Techniques utilisées

- Monter les mailles
- Point mousse
- Changer de pelote
- Rabattre les mailles
- Rentrer les fils
- Assemblage (pour le snood)

Échantillon

Il n'est pas nécessaire pour ce type d'ouvrage, les dimensions n'ayant pas besoin d'être très précises.

IL VOUS FAUT

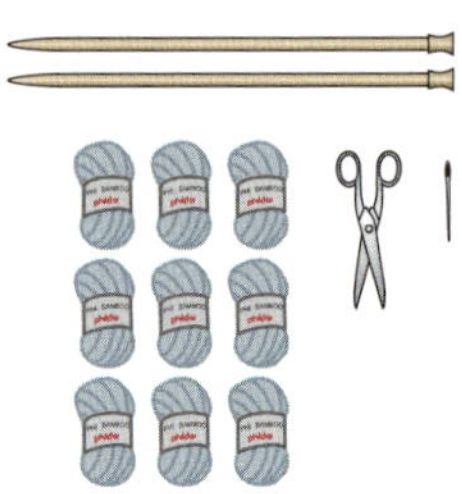

- *9 pelotes de Rapido (Phildar), coloris Écume*
- *1 paire d'aiguilles « Naturel » n°7*
- *1 paire de ciseaux*
- *1 aiguille à laine*

Réalisation

1. Montez 30 mailles.
2. Tricotez les 9 pelotes au point mousse.
3. Rabattez les mailles.
4. Rentrez les fils.

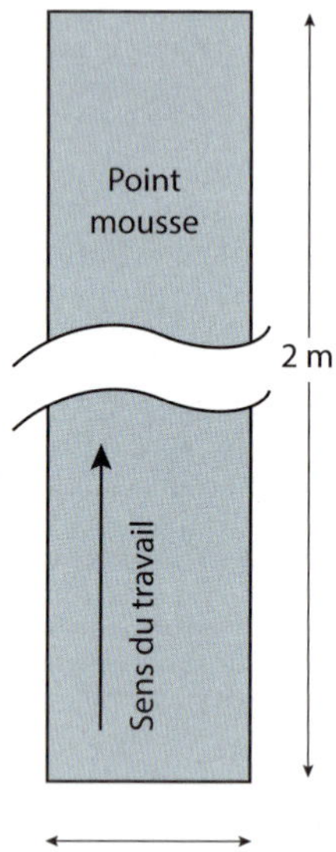

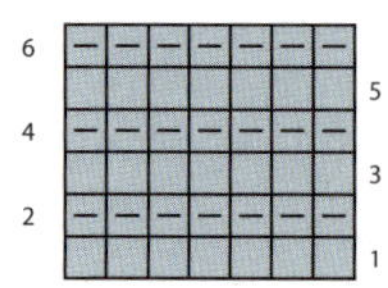

☐ Maille endroit sur l'endroit
Maille envers sur l'envers

⊟ Maille envers sur l'endroit
Maille endroit sur l'envers

■ LE SNOOD

IL VOUS FAUT

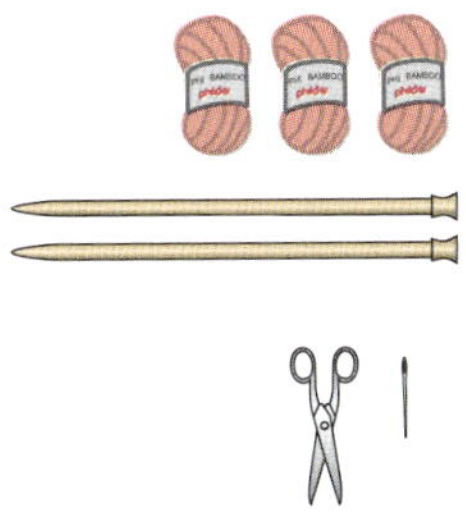

- 3 pelotes de Phil Alaska (Phildar), coloris Amarante
- 1 paire d'aiguilles « Naturel » n°10
- 1 paire de ciseaux
- 1 aiguille à laine

Réalisation

1. Montez 55 mailles.
2. Tricotez les 3 pelotes au point mousse.
3. Rabattez les mailles.
4. Rentrez les fils.
5. Fermez par une couture à point arrière.

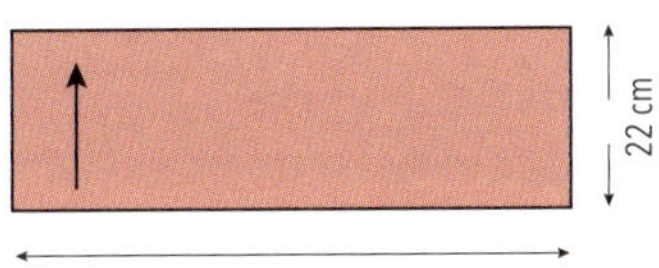

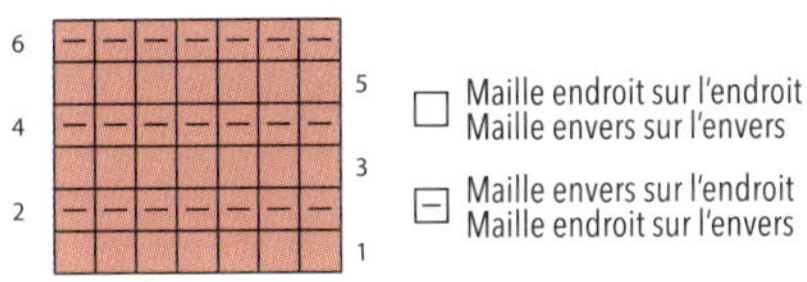

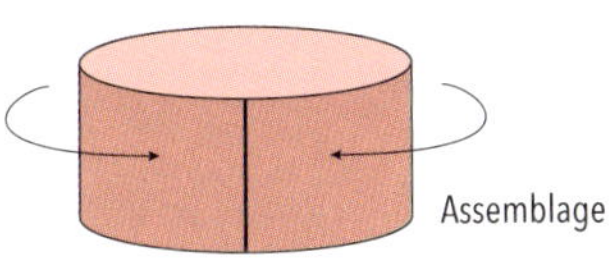

DÉCLINAISONS

Profitez du changement de pelote pour changer de couleur ou de matière, et jouez sur les rayures !
(Pour les franges, voir page 66)

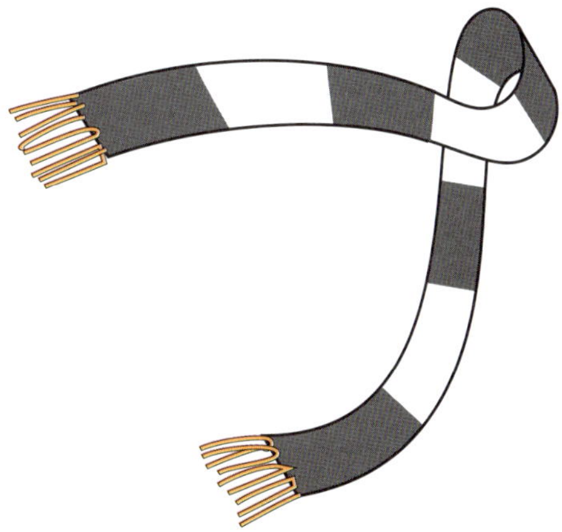

3 LE BONNET

Un bonnet vite fait bien fait !

• Taille unique

IL VOUS FAUT

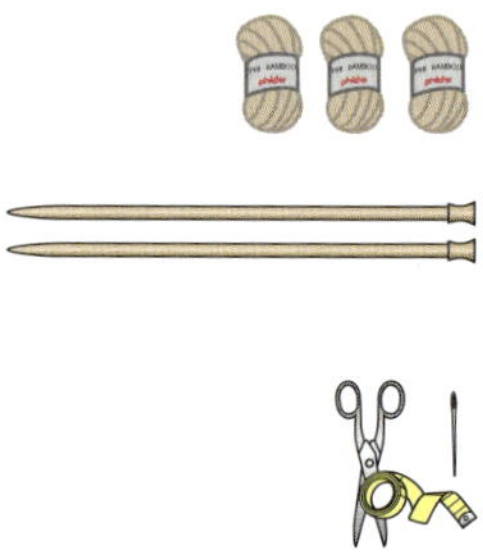

- 3 pelotes de Rapido (Phildar), coloris Beige
- 2 paires d'aiguilles « Naturel » : n°6 et n°7
- 1 paire de ciseaux
- 1 aiguille à laine
- 1 mètre ruban

Techniques utilisées

- Monter les mailles
- Point mousse
- Changer de pelote
- Rabattre les mailles
- Rentrer les fils
- Assemblage

Échantillon

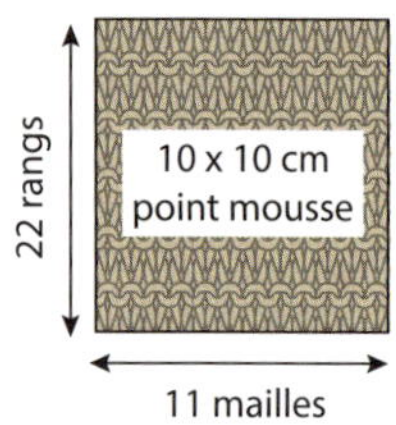

Réalisation

1. Montez 56 mailles avec les aiguilles n°6.

2. Tricotez au point mousse pendant 8 rangs puis continuez avec les aiguilles n°7.

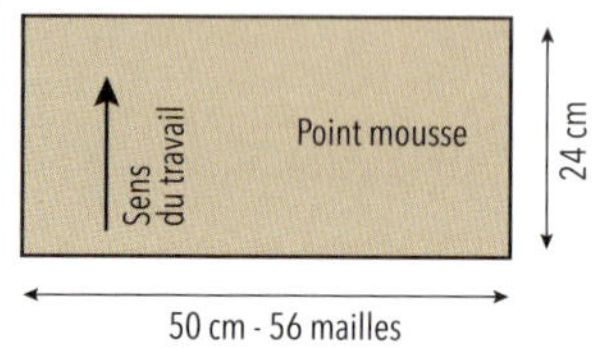

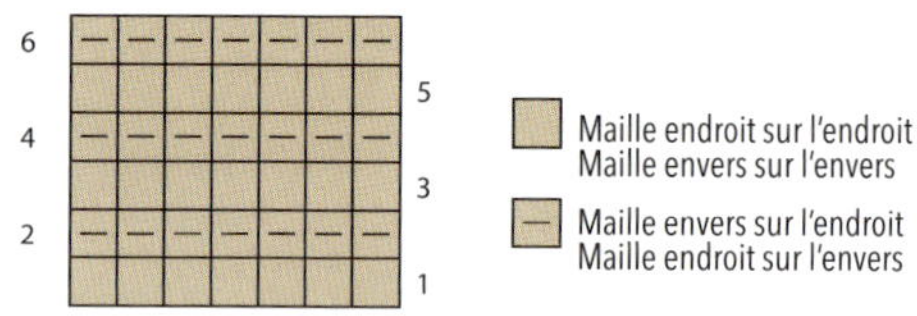

3. À 24 cm de hauteur, ne rabattez pas les mailles mais passez le fil dans les mailles en tirant l'aiguille au fur et à mesure.

4. Serrez pour froncer.

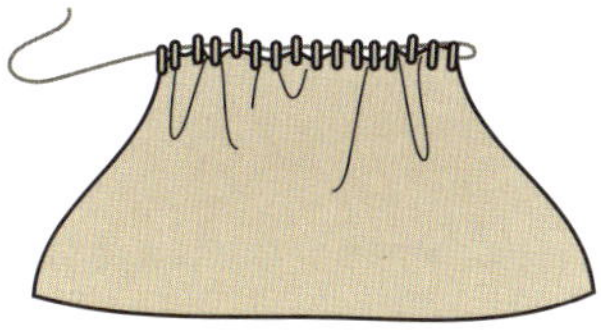

5. Fermez le bonnet par une couture au point arrière.

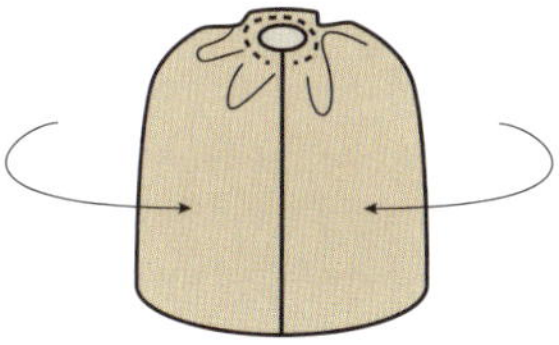

DÉCLINAISON

Ajoutez un rabat d'une couleur différente et un gros pompon (une pelote pour le rabat et une pour le pompon). Pour tricoter le rabat, relevez les mailles sur le bas du bonnet, c'est-à-dire sur le premier rang (voir page 25).
(Pour le pompon, voir page 64)

4 LE PULL TUBE

Un pull facile à faire, facile à porter !

Tailles
34/36 - 38/40 - 42/44 - 46/48 - 50/52

IL VOUS FAUT

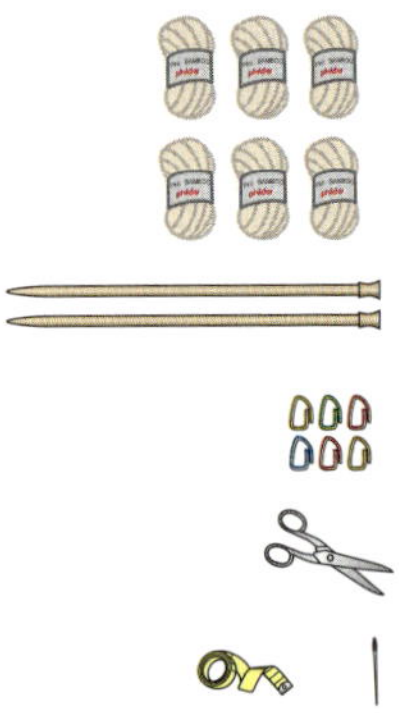

- *6-6-7-7-8 pelotes de Phil Nuage (Phildar), coloris Sable*
- *1 paire d'aiguilles « Naturel » : n°5,5*
- *6 anneaux marqueurs (ou 6 épingles)*
- *1 paire de ciseaux*
- *1 aiguille à laine*
- *1 mètre ruban*

Techniques utilisées

- Monter les mailles
- Point mousse
- Changer de pelote
- Rabattre les mailles
- Rentrer les fils
- Assemblage
- Anneaux marqueurs

Échantillon

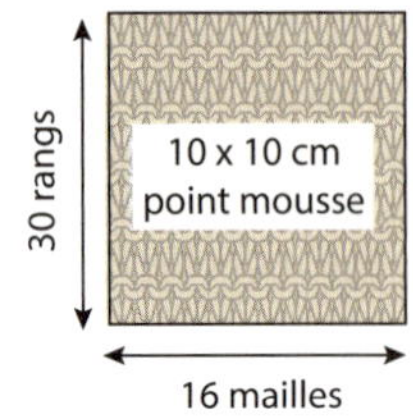

Réalisation

• Dos

1. Montez 86-90-96-102-112 mailles.

2. Tricotez au point mousse jusqu'à 52-53-54-55-56 cm de hauteur.

3. Rabattez les mailles souplement.

• Devant

1. Montez 86-90-96-102-112 mailles.

2. Tricotez au point mousse jusqu'à 48-49-50-51-52 cm de hauteur.

3. Tricotez 27-29-32-34-39 mailles, rabattez 32-32-32-34-34 mailles, tricotez les 27-29-32-34-39 mailles suivantes. Il reste 2 groupes de mailles sur l'aiguille.

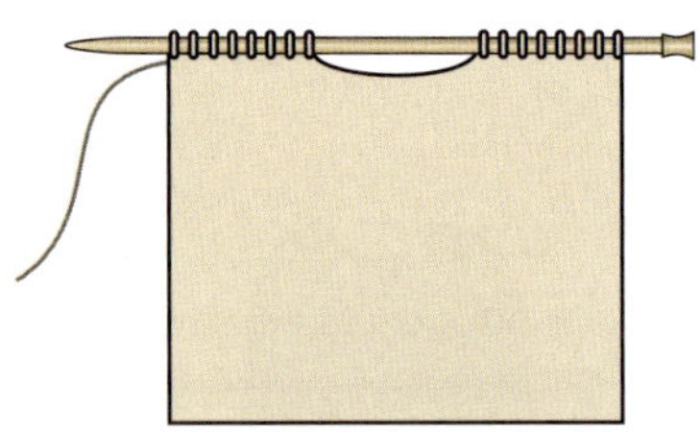

4. Tricotez seulement les dernières mailles pendant 12 rangs, en laissant les autres sur l'aiguille.

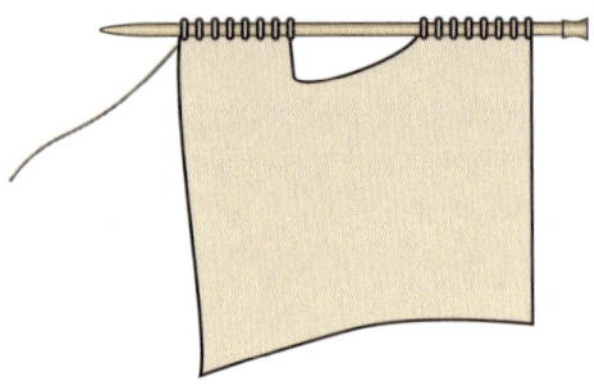

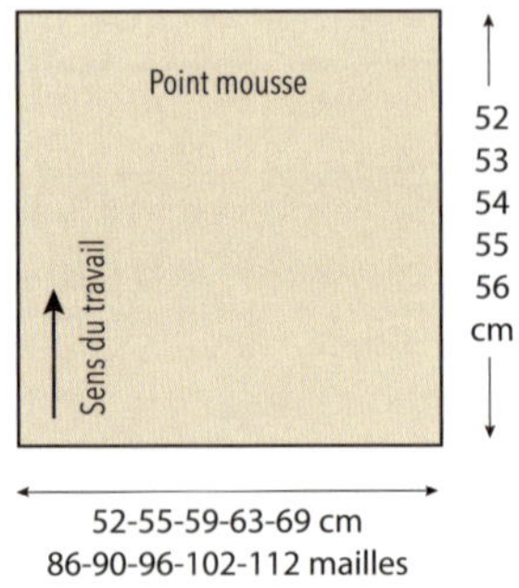

5. Rabattez les mailles et coupez le fil.

6. Prenez un nouveau fil et tricotez les mailles restées sur l'aiguille pendant 12 rangs.

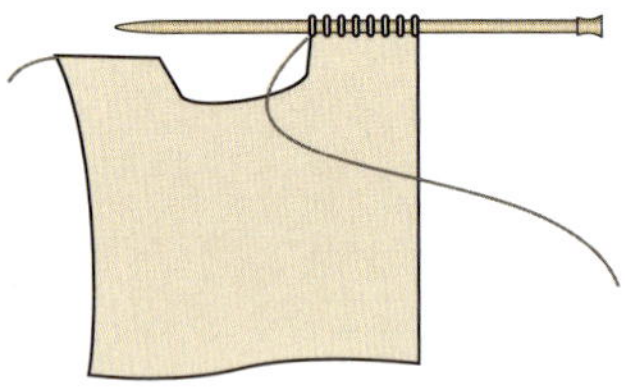

Patron du devant

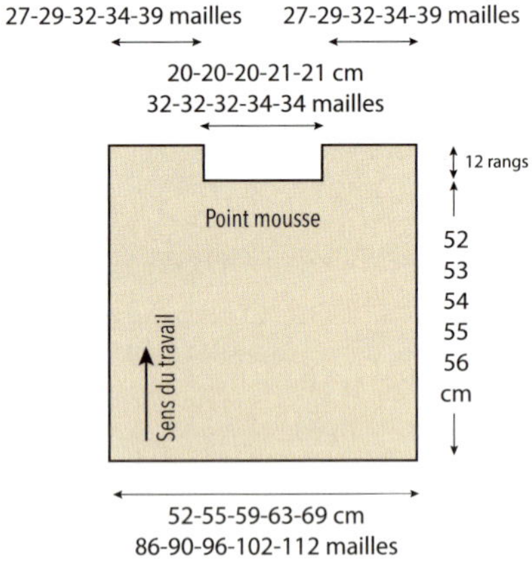

7. Rabattez les mailles.

• **Manches**

1. Montez 64-68-70-74-78 mailles.
2. Tricotez au point mousse jusqu'à 22 cm de hauteur.
3. Rabattez les mailles.

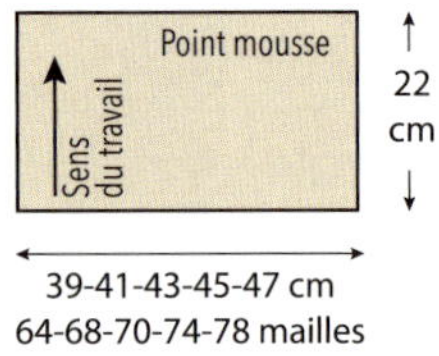

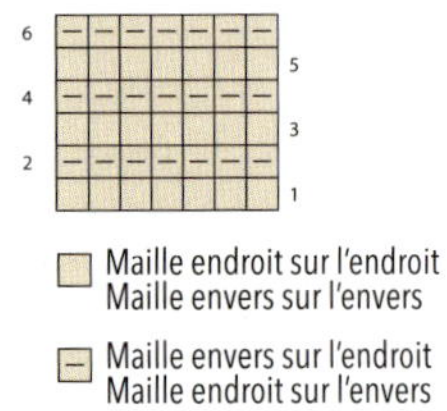

Repères

Sur le dos et le devant, comptez 32 cm en partant du bas et placez un anneau marqueur de chaque côté.
Sur le dos, comptez 27-29-32-34-39 mailles de chaque côté et placez deux anneaux marqueurs sur le dernier rang.

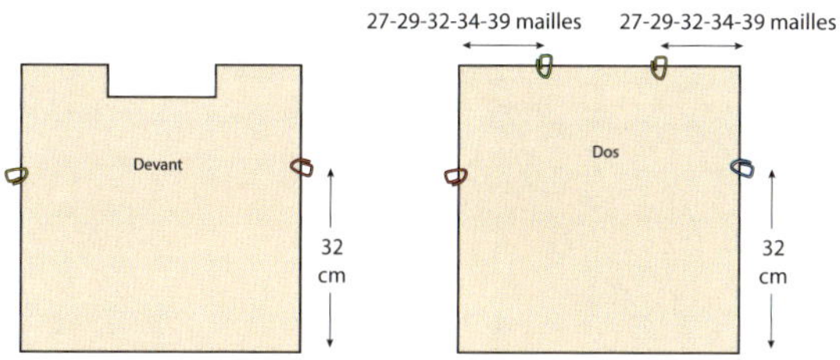

Assemblage

Assemblez les épaules du devant sur le dos (de chaque côté des marqueurs), au point arrière.
Mettez le pull à plat et assemblez les manches sur le corps au point arrière.

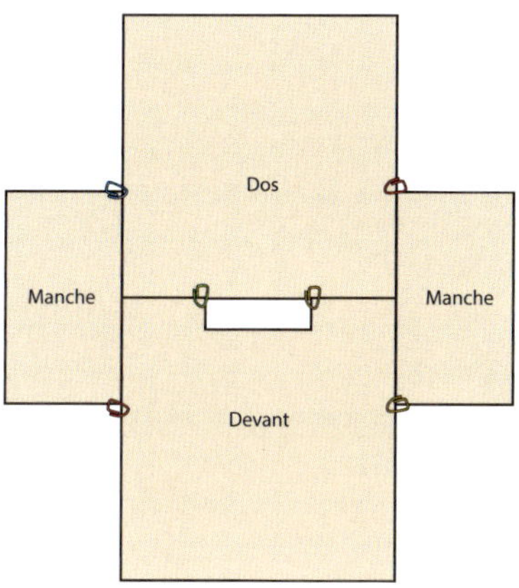

Assemblez les côtés au point arrière.
Assemblez le dessous des manches au point arrière, en inversant la couture à 5 cm pour former le revers.

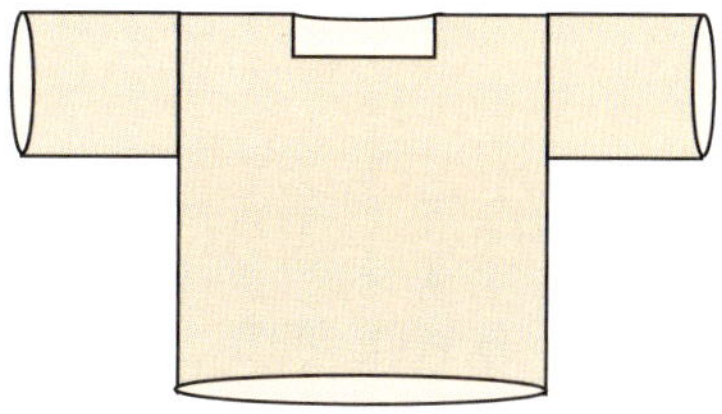

DÉCLINAISON

Pour une version encore plus simple : faites le devant comme le dos et vous aurez un col bateau. Cousez les épaules à votre convenance pour un effet plus ou moins tombant.
Pour rallonger le pull de 10 cm et les manches de 20 cm, ajoutez 3-3-4-4-5 pelotes.
Laissez une fente de 10 cm en bas et ajoutez des franges dans le bas du pull (voir page 66).

5 LE PONCHO

Effet de rayures pour ce poncho sans coutures.

Tailles
34/36 - 38/40 - 42/44 - 46/48 - 50/52

IL VOUS FAUT

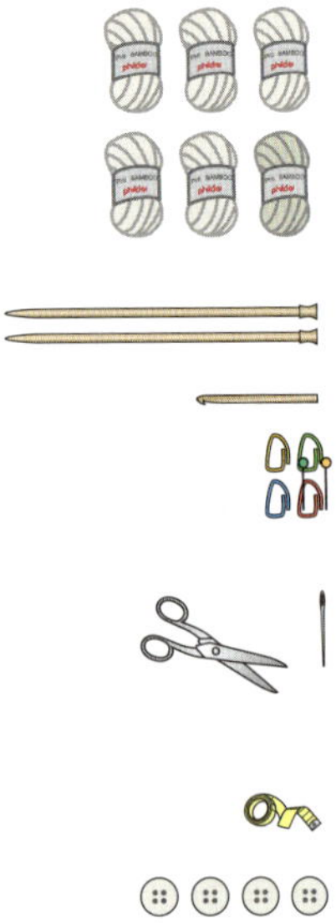

- 5-5-6-6-7 pelotes de Phil Nuage (Phildar), coloris Flocon
- 1 pelote de Phil Charme (Phildar), coloris Craie
- 1 paire d'aiguilles « Naturel » : n°6
- 1 crochet « Naturel » n°5
- 8 anneaux marqueurs
- 2 épingles
- 1 paire de ciseaux
- 1 aiguille à laine
- 1 mètre ruban
- 4 boutons de diamètre 36 mm

Techniques utilisées
- Monter les mailles
- Jersey
- Changer de pelote
- Rayures
- Rabattre les mailles
- Rentrer les fils
- Crochet : maille coulée
- Coudre un bouton

- Jersey rayé :
Alterner *16-16-16-20-20 rangs de Phil Nuage et 2 rangs de Phil Charme*, terminer avec du Phil Charme.

Échantillon

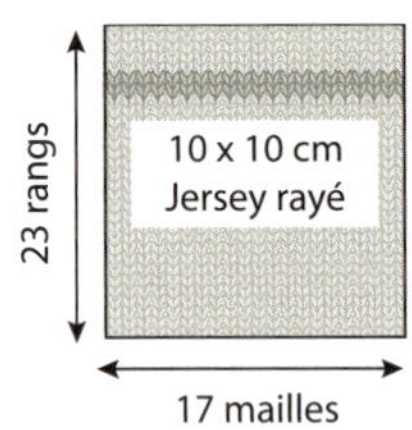

Réalisation

• Dos et devant

Montez 117-123-129-137-147 mailles avec le Phil Nuage. Tricotez en jersey rayé jusqu'à 54-55-56-57-58 cm de hauteur.

Rabattez les mailles.

Avec le crochet et la qualité Phil Nuage, faites 1 rang de mailles coulées sur les mailles lisières des deux côtés.

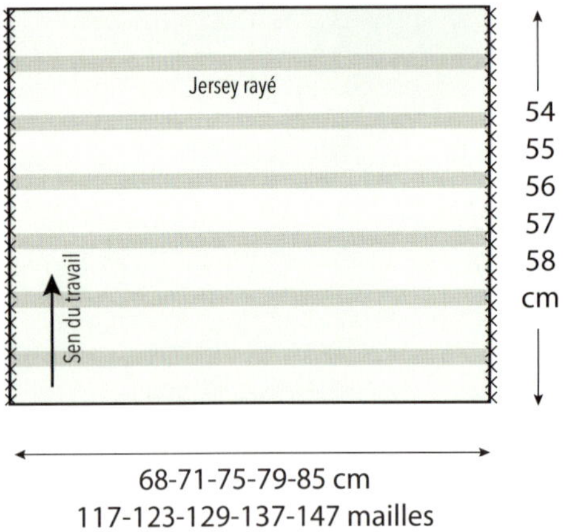

Repères

Sur le dernier rang du dos et du devant, comptez 34-37-40-43-48 mailles de chaque côté et placez deux anneaux marqueurs.

Sur les bords, placez un anneau marqueur de chaque côté, à 31 cm du bas.

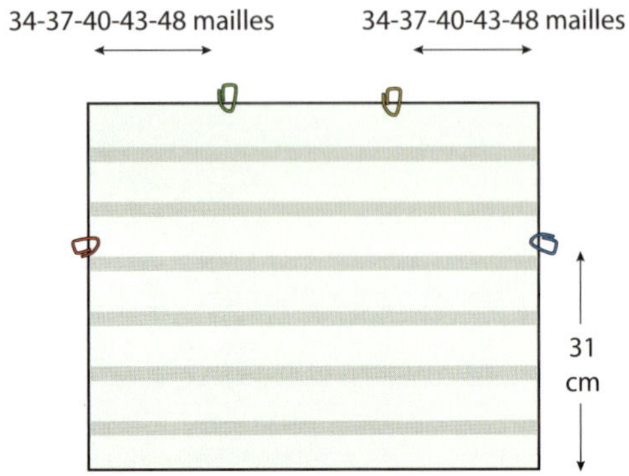

Assemblage

Il n'y a pas de coutures, les deux pièces sont assemblées par des boutons cousus.

• **Épaules**

Placez les deux pièces l'une sur l'autre, et retournez le haut du dos sur 2 cm vers l'intérieur, contre l'envers du devant. Épinglez le dos ainsi replié et le devant à l'endroit des anneaux marqueurs.

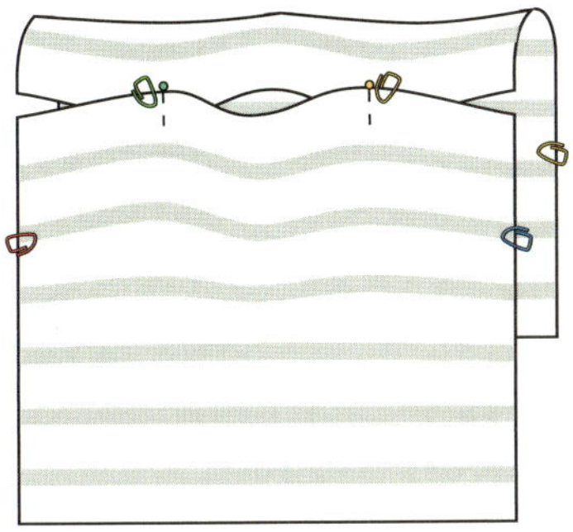

Cousez un bouton sur chaque épingle en prenant les deux épaisseurs.

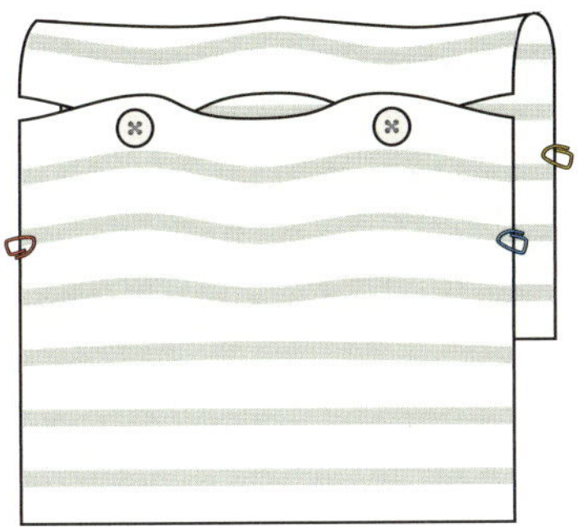

• **Côtés**

Épinglez le dos et le devant sur les côtés à l'endroit des anneaux marqueurs et cousez un bouton de chaque côté.

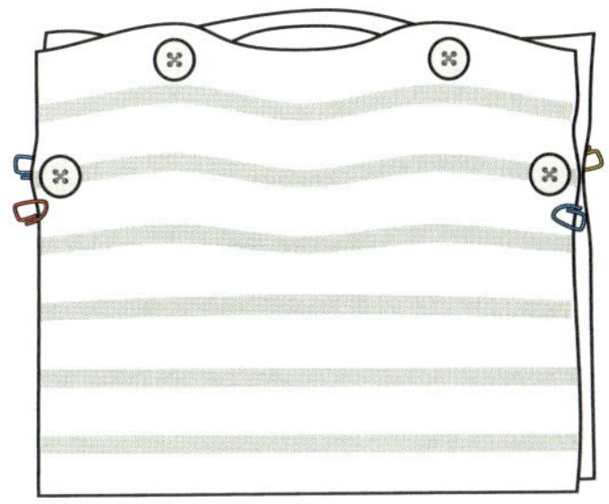

DÉCLINAISON

Avec les rayures fines et les boutons en bleu, le poncho aura un style marinière !

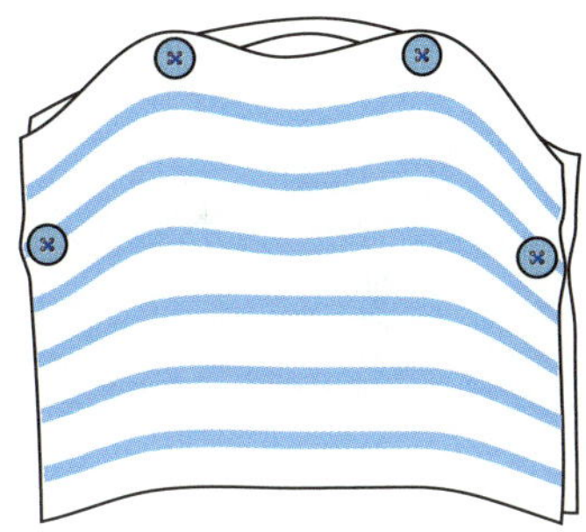

6 LE SAC

Trop facile, le sac à emmener partout !

Dimensions sans l'anse

30 cm x 35 cm

IL VOUS FAUT

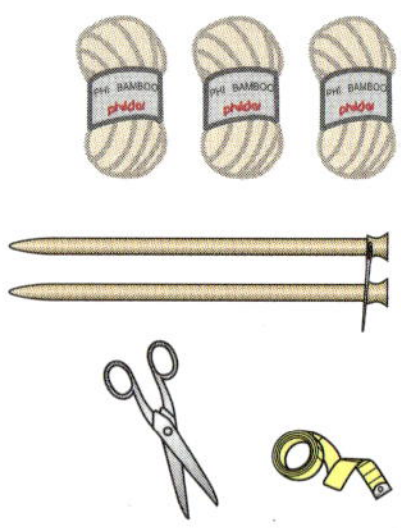

- 3 pelotes de Phil Express (Phildar), coloris Crème
- 1 paire d'aiguilles « Naturel » n°12
- 1 paire de ciseaux
- 1 mètre ruban
- 1 aiguille à laine
- 1 kit pompons

Techniques utilisées

- Monter les mailles
- Point mousse
- Changer de pelote
- Rabattre les mailles
- Rentrer les fils
- Assemblage
- Cordelière

Échantillon

Un carré de 10 x 10 cm = 6 mailles x 13 rangs

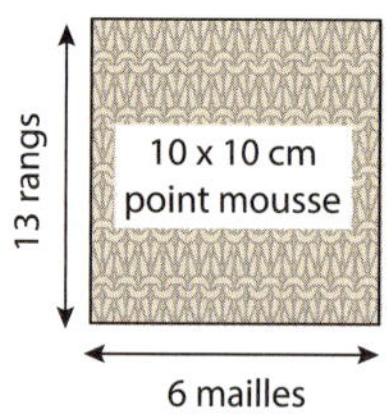

Réalisation

Montez 23 mailles.
Tricotez au point mousse jusqu'à 70 cm de hauteur.
Rabattez les mailles.

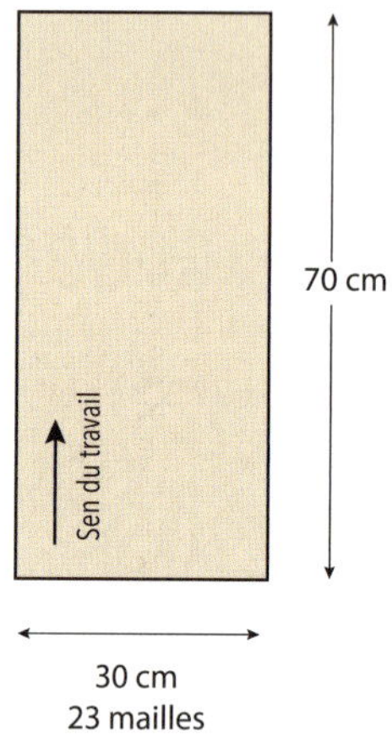

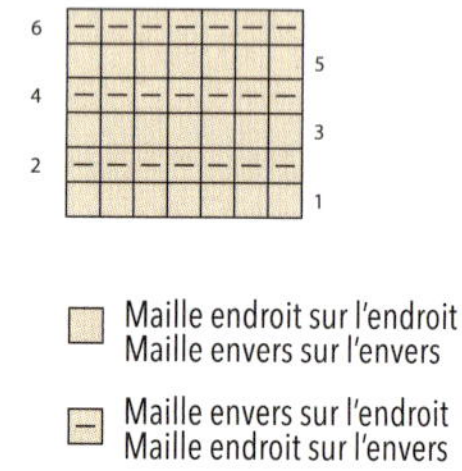

Assemblage

Pliez le sac en deux et cousez les côtés au point arrière.
Fixez la cordelière sur les côtés du sac.

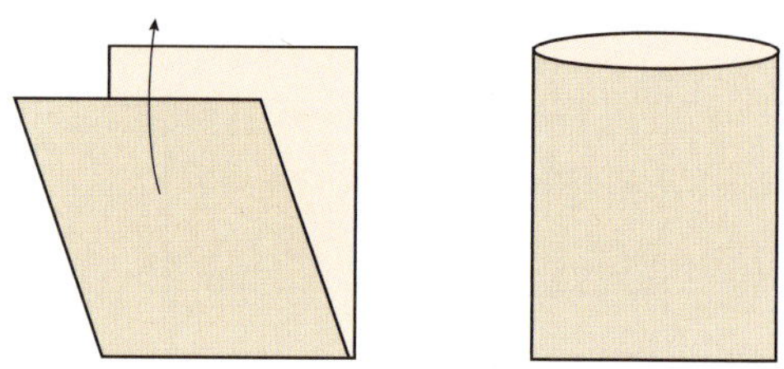

Cordelière

Avec 10 brins de 480 cm, faites une cordelière de 120 cm (voir page 66).

À 6 cm de chaque extrémité, enroulez un fil sur plusieurs tours de manière à ce que la cordelière se termine comme une floche (coupez ensuite les fils de l'extrémité qui est enroulée).

Cousez la cordelière sur les côtés.

Faites 2 floches et 2 pompons (voir page 64) de tailles différentes.

Fixez le tout sur des fils de longueurs différentes sur le sac, à 5 cm de la couture de côté.

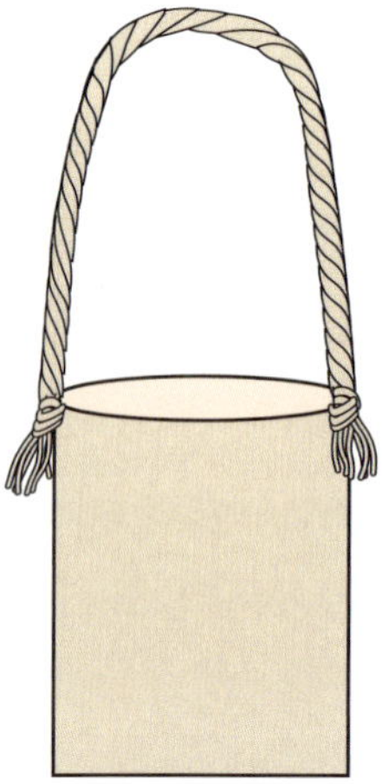

DÉCLINAISON

Avec une pelotes de plus, tricotez un rectangle plus grand de 20 à 25 cm et faites-en un rabat.

Faites une boutonnière « trou » sur le bas du rabat et cousez un bouton sur le sac.

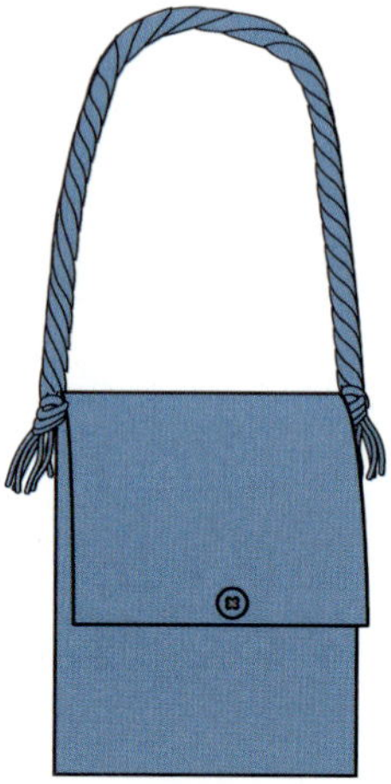

INDEX

QUELQUES ABRÉVIATIONS

aig.	aiguilles
arr.	arrêter
att.	attente
aug.	augmenter, augmentation
ch.	chaque
chang.	changer
cm	centimètre
col.	coloris
com.	commencer
cont.	continuer
d.	droite
dble	double, doublée
der.	derrière
dern.	dernier
dev.	devant
dim.	diminuer, diminution
div.	diviser
end.	endroit
ens.	ensemble
env.	envers
ext.	extérieur
ferm.	fermeture
g.	gauche
glis.	glisser
haut.	hauteur
intér.	intérieur
long.	longueur
inv.	inverser
jet.	jeté
lais.	laisser
larg.	largeur
lis.	lisière
m.	maille
mil.	milieu
mont.	monter
nb	nombre
pel.	pelote
préc.	précédent
pt.	point
qq.	quelques
rab.	rabattre
rép.	répéter
rep.	reprendre
ret.	retourner
rg(s)	rang(s)
sple	simple
suiv.	suivant(e)
suppr.	supprimer
term.	terminer
tjrs	toujours
tr	tour
tric.	tricoter
ts	tous
tt, tte	tout, toute(s)
x, fs	fois

REMERCIEMENTS

Je remercie Anaïs, Anne Claire, Clémentine, Chantal, Charlotte, Colette, Delphine, Evelyne, Flore, Géraldine, Justine, Myriam, pour avoir répondu à mes questions et pour leurs précieux conseils !

Direction d'édition : **Nathalie Viard**
Édition : **Flore Beaugendre**
Textes et illustrations : **Catherine Guidicelli**
Schémas et photographies d'échantillons : **Catherine Guidicelli**
Photographies : **Pierre Nicou**
Stylisme : **Kathrin Lezinsky**
Correction-révision : **Véronique Blanc**
Coordination Phildar : **Myriam Prez**
Conception graphique, couverture et mises en pages : **Either studio**
Adaptation pour la nouvelle édition : **Littopia**

Éditions MARIE CLAIRE
Publiées par Société d'Information et de Créations - SIC
Une société de Marie Claire Album
9, place Marie-Jeanne Bassot 92593 Levallois-Perret - France
Tél. 01 41 46 88 88
R. C. S. Nanterre 302 114 509
SARL au capital de 822 000 euros

Certifié PEFC
Ce produit est issu de forêts gérées durablement et de sources contrôlées
PEFC
PEFC/46-31-13
www.pefc.ro

ISBN : 979-10-323-0932-2
N° Éditeur : 38 369
Imprimé par Rotolito (Roumanie)
Dépôt légal : septembre 2023